公路养护实用技术培训教材

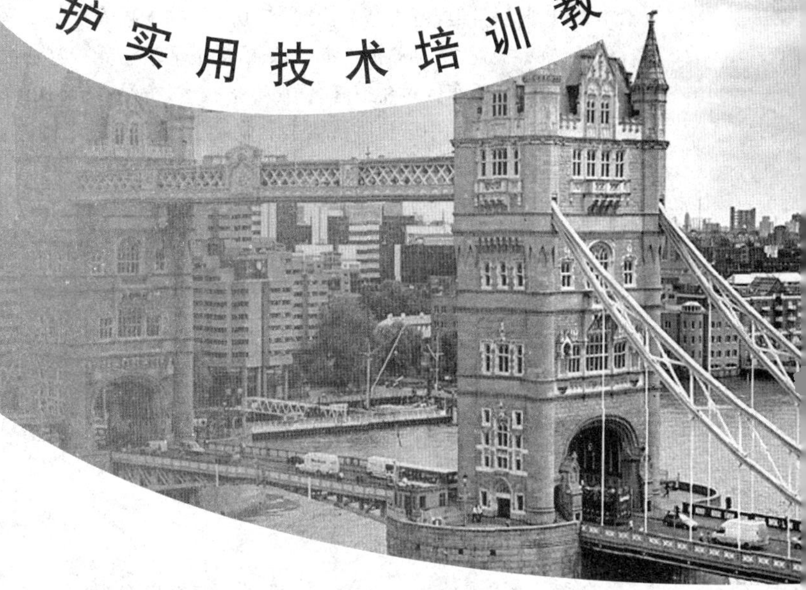

桥梁养护与加固技术

Qiaoliang Yanghu Yu Jiagu Jishu

主　编　武春山　张德成
主　审　刘治新　胡振虎

内 容 提 要

本书以现行标准规范为基本依据，参考了一些工程养护的实例，介绍了公路桥涵养护与加固技术。主要内容包括：桥梁概述，桥梁养护基本知识，桥梁上部结构养护与加固，桥梁下部结构养护与加固，通道、跨线桥与高架桥养护，超重车辆过桥措施，涵洞养护技术，桥涵养护与维修常用机具及安全作业。

本书可作为高职、中职道路桥梁类专业教材，也可作为行业从业人员参考用书。

图书在版编目（CIP）数据

桥梁养护与加固技术/武春山，张德成主编．—北京：人民交通出版社，2010.5
公路养护实用技术培训教材
ISBN 978-7-114-08376-1

Ⅰ.①桥… Ⅱ.①武… ②张… Ⅲ.①公路桥-维护 ②公路桥-加固 Ⅳ.①U448.145.7

中国版本图书馆 CIP 数据核字（2010）第 069348 号

书　　名：桥梁养护与加固技术
著 作 者：武春山　张德成
责任编辑：袁　方　师　云
出版发行：人民交通出版社
地　　址：(100011)北京市朝阳区安定门外外馆斜街 3 号
网　　址：http://www.ccpress.com.cn
销售电话：(010) 59757973
总 经 销：人民交通出版社发行部
经　　销：各地新华书店
印　　刷：北京鑫正大印刷有限公司
开　　本：787 × 1092　1/16
印　　张：8.5
字　　数：198 千
版　　次：2010 年 6 月第 1 版
印　　次：2013 年 1 月第 2 次印刷
书　　号：ISBN 978-7-114-08376-1
定　　价：20.00 元
(有印刷、装订质量问题的图书由本社负责调换)

前　言

随着经济的快速发展,我国公路建设也突飞猛进,通车里程有了很大增长,桥梁涵洞更是随处可见,然而随着汽车工业的发展和公路桥梁使用年限的增加,桥梁结构的一些病害也逐渐显现并呈现出日益加重的趋势,为此,对桥梁结构进行养护与加固愈加显得重要。

目前,职业院校的专业设置也很注重公路桥梁养护专业,因此很有必要把桥梁养护与加固技术从原来的公路桥涵施工技术中分离出来单独讲述,使学生意识到桥梁养护与加固也是一门独立且很重要的专业,并且以后发展前景很广阔。

本书按现行的《公路养护技术规范》(JTG H10—2009)和《公路桥涵养护规范》(JTG H11—2004),介绍各种桥梁养护与加固的方法,对学习具有现实的指导意义。

考虑到职业学校学生的特点,本书尽量减少理论计算,重点介绍桥梁养护与加固的方法,及如何来进行操作和实施;同时通过工程实例分析,强化学习桥梁养护与加固的实用方法。

参加本书编写工作的有:山东省莒县公路管理局的张德成、陈维华、靳世兴,山东省公路高级技工学校的武春山、张风亭、栾亨乐、杨庆振、杨万忠、丁雪松、王志君,路桥集团国际建设股份有限公司唐伟民、柴继坤。全书由武春山、张德成、张风亭担任主编,山东省公路高级技工学校的刘治新、山东省济南市交通工程质量监督站的胡振虎担任主审。

本书在编写过程中得到了山东省交通厅公路管理局养护处、山东省聊城市公路管理局养护科、山东省莒县公路管理局的大力支持和帮助,在此一并致谢!

由于我们的业务水平和实践经验有限,书中不妥之处在所难免,恳请广大读者批评指正,并给出宝贵的意见和建议,在此深表感谢!

编　者

2010年1月

目 录

第一章　桥梁概述

在公路、城市道路和铁路以及水利工程中，为了跨越各种障碍（如河流、沟谷或其他路线等）需修建各种类型构造物，这种构造物称为桥梁或涵洞。桥梁和涵洞是陆路交通中的重要组成部分。就其数量来说，即使地形不复杂的路段，每公里路线的桥涵数量一般也有2～3座；从造价角度来看，桥涵建筑造价一般要占公路路线总造价的10%～20%；同时桥涵施工也比较复杂。不仅如此，桥梁也要与周围环境相协调，使人文景观与自然景观相融合，如图1-1所示。

a)

b)

c)

d)

图1-1　桥梁

第一节　桥梁的组成与分类

模块一　桥梁的基本组成

知识点

桥梁的组成；
桥梁各部分的尺寸。

技能点

根据桥梁模型能指出各组成部分；
根据桥梁模型能说明各部分尺寸。

一、桥梁的组成

我国有很多美丽的传说和事件与桥梁有关，如白娘子和许仙相遇的杭州西湖之断桥，又如河北赵县的赵州桥（民间谚语“沧州狮景州塔，赵州石桥大菩萨”中的石桥就指的是赵州桥），还有因“七七事变”而更加闻名的卢沟桥等。因此，桥梁在人们心中早已熟悉，在现实生活中更是随处可见。图1-2、图1-3和图1-4分别为几种常见桥梁的实例图；图1-5和图1-6分别为梁桥和拱桥的示意图。从图1-5和图1-6中可看出，一般桥梁通常是由上部结构、下部结构、附属结构和支座等部分组成。

a)

b)

c)

d)

图1-2　梁桥实例图

图 1-3　拱桥实例图

图 1-4　斜拉桥实例图

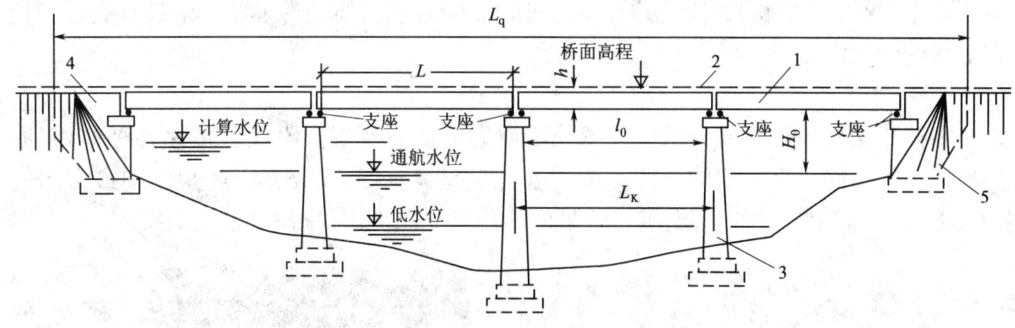

图 1-5　梁桥基本组成部分示意图

1-主梁;2-桥面;3-桥墩;4-桥台;5-锥形护坡

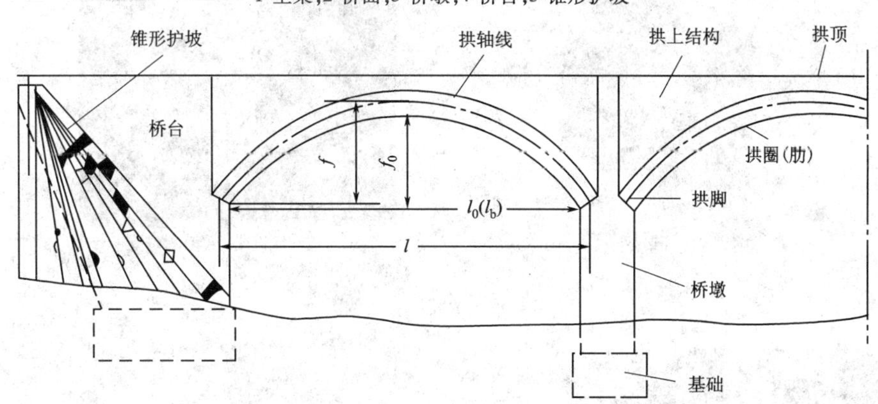

图 1-6　拱桥基本组成部分示意图

1. 上部结构

上部结构又称桥跨结构,包括承重结构和桥面系,是路线遇到障碍(如河流、山谷等)而中断时跨越障碍的建筑物。它是桥梁中具有跨越能力的结构物,是组成桥梁不可或缺的部分。桥跨结构要承受其上的各种作用,如车辆作用、人群作用等,并通过支座将上述作用传递给桥墩或桥台。

2. 下部结构

下部结构是支承桥跨结构并将恒载和车辆等活载传递至地基的建筑物。它包括桥墩、桥台及其基础。

(1)桥台是设置在桥梁的两端、支承桥跨结构并与两岸接线路堤衔接的构造物。它们的作用是将恒载和车辆等活载传递至地基,同时抵御路堤土压力,防止路堤填土滑坡和坍落。如图1-5和图1-6所示。

(2)桥墩是指多跨桥梁的中间支承桥跨结构和传递桥梁荷载的结构物。如图1-5和图1-6所示。

(3)基础是桥墩、桥台与地基直接接触的部分,也是墩台中使全部荷载传至地基的底部奠基部分,其类型与尺寸往往取决于地基条件,尤其是地基承载力。如图1-5和图1-6所示。

3. 附属结构

为保证路堤边坡稳定,在路堤与桥台衔接处,一般还应设置锥形护坡、八字翼墙等挡土结构物;为引导和改变水流方向,使水流平顺通过桥孔并减缓水流对桥位附近河床、河岸的冲刷而修建的护岸、导流坝等水工构造物等,称为附属结构。它们都是为了使桥梁具有更好的使用性能和更强的耐久性而设。

4. 支座

它是在桥跨结构与桥墩或桥台的支承处所设置的传力装置。不仅要传递各种作用,而且还要保证桥跨结构能产生一定的变位。桥梁的支座有很多种,橡胶支座就是其中最常用的一种,图1-7所示为橡胶支座实例,支座在桥梁中的位置见图1-5和图1-8。

a)橡胶支座

b)聚四氟乙烯板式(四氟滑板)支座

图1-7　桥梁橡胶支座实例图

a)连续梁桥中的支座

b)简支梁桥中的支座

图1-8　支座在桥梁中位置实例图

二、桥梁的基本尺寸

1. 水位

河流中的水位是变动的，在枯水季节的最低水位，称为低水位；洪峰季节河流中的最高水位，称为高水位；桥梁设计中按规定的设计洪水频率计算所得的高水位，称为设计水位；通航水位，包括设计最高通航水位和最低通航水位，是各级航道代表性船队正常运行的航道维护管理和有关工程建筑物的水位设计依据。

2. 桥梁结构的基本尺寸

如图1-5、图1-6所示。

(1)长度尺寸

净跨径：对于梁式桥是设计水位上相邻两个墩台（或桥台）之间的净距离，用 l_0 表示。对于拱式桥是每孔拱跨两个拱脚截面最低点之间的水平距离。

计算跨径：对于具有支座的桥梁，是指桥跨结构相邻两个支座中心之间的距离，用 L_0 表示。对于拱式桥，是两相邻拱脚截面形心点之间的水平距离。

标准跨径：对于梁桥，它是指两相邻桥墩中线之间的距离，或桥墩中线至桥台台背前缘之间的距离；对于拱桥，则是指净跨径。标准跨径用 L_K 表示。根据《公路工程技术标准》（JTG B01—2003）规定：桥涵的跨径小于或等于50m时，宜采用标准化跨径。规定标准跨径如下：0.75、1.0、1.25、1.5、2.0、2.5、3.0、4.0、5.0、6.0、8.0、10、13、16、20、25、30、35、40、45、50(m)。

总跨径：是多孔桥梁中各孔净跨径的总和，也称桥梁孔径（$\sum L_0$）。反映了桥下宣泄洪水的能力。

桥梁全长（简称桥长）：是桥梁两端两个桥台的侧墙或八字墙后端点之间的距离，用 L_q 表示，如图1-5所示。对无桥台的桥梁为桥面系行车道的全长。

(2)高度尺寸

桥梁高度（简称桥高）：指桥面与低水位之间的高差，或为桥面与桥下线路路面之间的距离。

桥下净空高度：是设计水位或计算通航水位至桥跨结构最下缘之间的距离，用 H_0 表示，如图1-5所示。

建筑高度：是桥上行车路面（或轨顶）高程至桥跨结构最下缘之间的距离，用 h 表示，如图1-5所示。它不仅与桥梁结构的体系和跨径的大小有关，而且还随行车部分在桥上布置的高度位置而异。公路（或铁路）定线中所确定的桥面（或轨顶）高程，对通航净空顶部高程之差，又称为容许建筑高度。显然，桥梁的建筑高度不得大于其容许建筑高度，否则就不能保证桥下的通航要求。

净矢高：从拱顶截面下缘至相邻两拱脚截面下缘最低点之连线的垂直距离，用 f_0 表示，如图1-6所示。

计算矢高：从拱顶截面形心至相邻两拱脚截面形心之连线间的垂直距离，有 f 表示，如图1-6所示。

矢跨比：是拱桥中拱圈（或拱肋）的计算矢高 f 与计算跨径 l 之比(f/l)，也称拱矢度，它是反映拱桥受力特性的一个重要指标。

桥面净空：指为了保证车辆和行人的安全通行，桥面以上垂直于行车方向应有的限界空间

(净宽和净高)。规定在桥面净空范围内不得有任何桥梁构件或其他装置。

(3)宽度尺寸

桥面净宽:是指两侧人行道内缘间的宽度。包括桥面行车道宽度、中间带宽度和慢行车道宽度。

模块二　桥梁的分类

知识点　桥梁的分类标准;
不同的标准可分为哪些类型。

技能点　能正确判断出桥梁的类型。

一、按桥梁承重结构的受力形式分类(桥梁的基本体系)

桥梁的承重结构,总离不开拉、压、弯三种基本受力方式。因此桥梁在力学上可分为梁式、拱式、悬吊式三种基本体系以及它们之间的各种组合。桥梁结构的基本体系包括梁式桥、拱式桥、刚架桥、悬索桥(悬吊式桥)与组合体系桥。

1. 梁式桥

梁式桥是一种在竖向荷载作用下无水平反力的结构,梁作为承重结构是以它的抗弯能力来承受作用的。由于外力的作用方向与承重结构的轴线接近垂直,故与同样跨径的其他结构体系相比,梁内产生的弯矩最大,通常需用抗弯能力强的材料(钢、木、钢筋混凝土等)来建造。梁式桥又可根据其受力体系的不同分为简支梁桥(图1-9)、连续梁桥(图1-10)和悬臂梁桥(图1-11)三种。

a)简支梁桥实例图

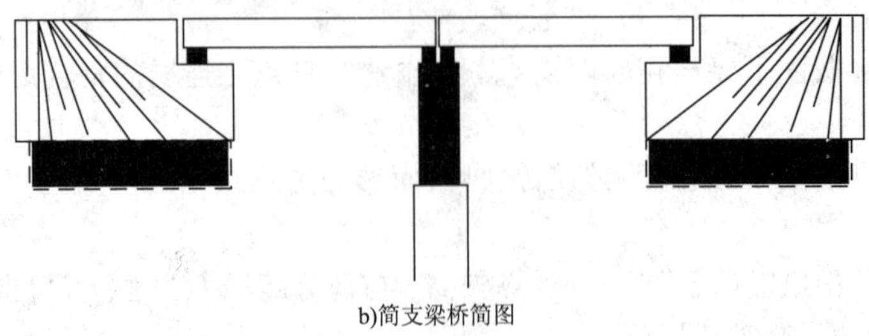

b)简支梁桥简图

图1-9　简支梁桥

a)连续梁实例图

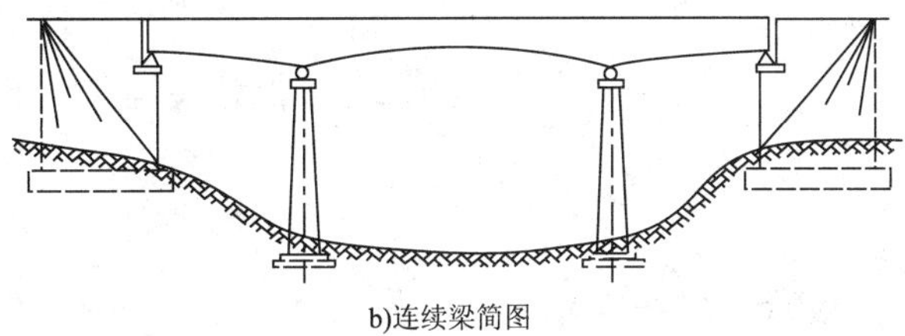
b)连续梁简图

图 1-10　连续梁桥

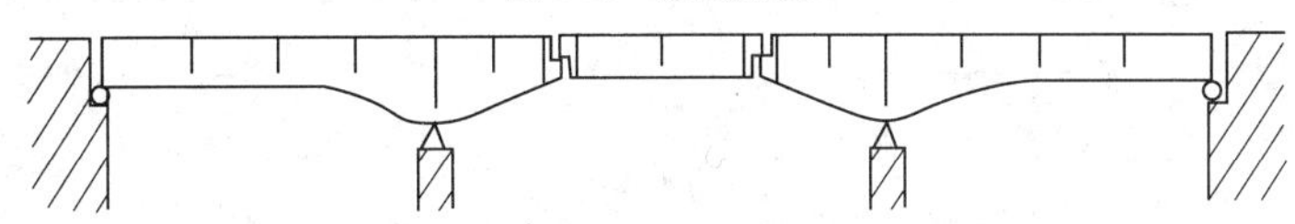
图 1-11　悬臂梁

2. 拱式桥

主要承重结构是拱肋(或拱圈),在承受竖向作用时,拱圈既要承受压力,又要承受弯矩;墩、台除承受竖向压力和弯矩外,还承受水平推力,同时由于这种水平推力将显著抵消荷载在拱圈(或拱肋)内所产生的弯矩,因此,与同跨径的梁相比,拱圈内的弯矩要小得多。由此可见,拱桥的承重结构以受压为主。通常采用抗压能力强的圬工材料(如砖、石、混凝土)和钢筋混凝土等来建造,如图 1-12 所示。

3. 刚架桥

刚架桥的受力状态是介于梁与拱之间的一种结构体系。它是由受弯的上部梁(或板)结构与承压的下部桩柱(或墩)连接成一体的结构。梁和柱的连接处具有很大的刚性,在承受竖向作用时,梁因柱的抗弯刚度而得到卸载作用,整个体系是压弯结构,也是推力结构。根据这一特点,刚架桥跨中的建筑高度就可以做得较小,如图 1-13 所示。

4. 悬索桥(悬吊式桥)

悬索桥也称吊桥,传统的吊桥均用悬挂在两边塔架上的强大缆索作为主要承重结构,在竖向荷载作用下,通过吊杆使缆索承受很大的拉力,通常都需要在两岸桥台的后方修筑非常巨大的锚碇结构。吊桥也是具有水平反力(拉力)的结构。现代的吊桥,广泛采用高强度钢丝编制的钢缆,以充分发挥其优异的抗拉性能,因此结构自重较轻,就能以较小的建筑高度跨越其他任何桥型无法相比的特大跨度。然而,吊桥的自重轻、结构刚度差,在车辆动荷载和风荷载作用下,桥有较大的变形和振动。如图 1-14 所示。

a)拱桥实例图

b)双曲拱桥实例图

H H
M M
V V

c)拱桥简图

图 1-12 拱桥

a)T形刚构实例图

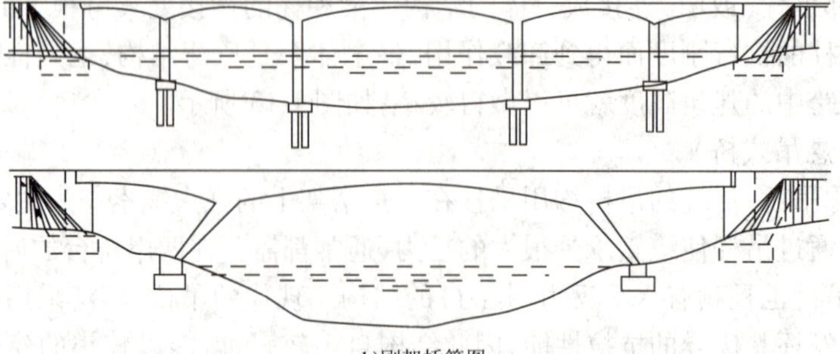

b)刚架桥简图

图 1-13 刚架桥

a)悬索桥实例图

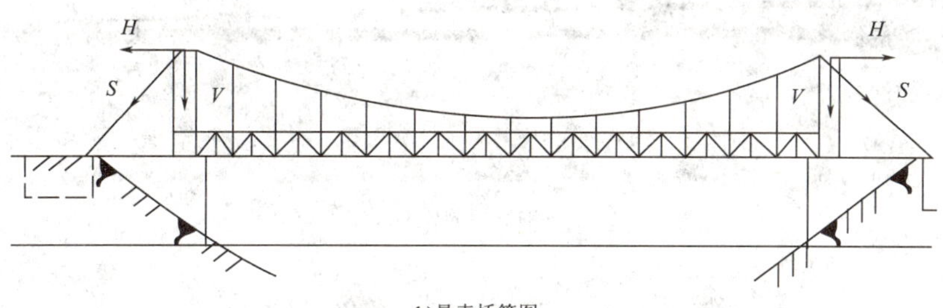

b)悬索桥简图

图 1-14　悬索桥

5. 组合体系桥

(1)梁、拱组合体系桥

它是利用梁的受弯与拱的承压特点组成联合结构。其中梁和拱都是主要承重物,两者相互配合共同受力,具有代表性的桥梁是系杆拱桥,如图 1-15 所示。

a)系杆拱桥实例图

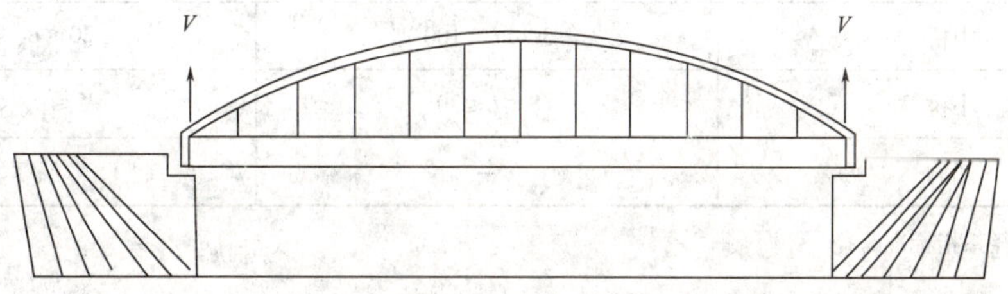

b)系杆拱桥简图

图 1-15　系杆拱桥

(2)斜拉桥

它是一种主梁与斜缆相结合的组合体系,如图1-16所示。悬挂在塔柱上的被张紧的斜缆将主梁吊住,使主梁像多点弹性支承的连续梁一样工作,这样既发挥了高强材料的作用,又显著减少了主梁截面,使结构自重减轻而具有很大的跨越能力。

a)斜拉桥实例图

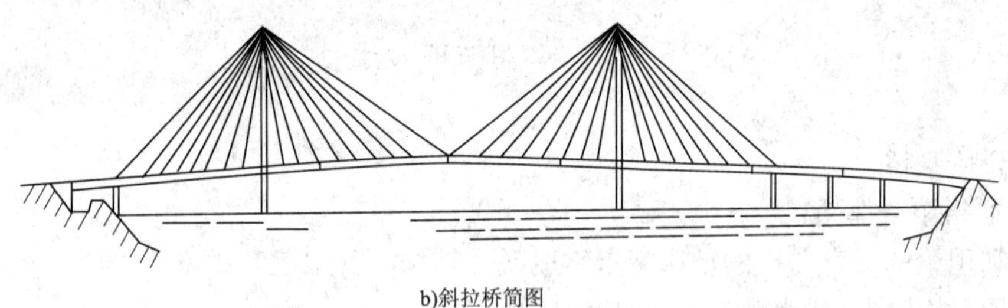

b)斜拉桥简图

图1-16 斜拉桥

二、按桥梁全长和跨径的大小分类

按桥梁全长和跨径不同,《公路工程技术标准》(JTG B01—2003)对桥涵的分类见表1-1。

桥涵分类 表1-1

桥涵分类	多孔跨径总长 L(m)	单孔跨径 L_K(m)
特大桥	$L>1000$	$L_K>150$
大桥	$100\leqslant L\leqslant 1000$	$40\leqslant L_K\leqslant 150$
中桥	$30<L<100$	$20\leqslant L_K<40$
小桥	$8\leqslant L\leqslant 30$	$5\leqslant L_K<20$
涵洞	—	$L_K<5$

注:单孔跨径系指标准跨径。

三、按用途分类

可分为公路桥、铁路桥、公铁两用桥等。

四、按上部结构所用的材料分类

可分为钢筋混凝土桥、预应力混凝土桥、圬工桥、钢桥、木桥等。

五、按跨越障碍的性质分类

可分为跨河桥、跨线桥、高架桥和栈桥等。

六、按行车道的位置分类

行车道位于支承结构之上者为上承式桥；行车道位于支承结构之下者为下承式桥；行车道位于支承结构中间者为中承式桥。

七、按特殊使用条件分类

可分为开启桥、浮桥、漫水桥等。

第二节　施加在公路桥梁上的作用简介

知识点

作用的概念；
作用的分类；
车辆荷载与车道荷载。

技能点

作用的分类；
掌握车辆荷载与车道荷载。

一、作用的概念

作用是指施加在结构上的一组集中或分布力，如汽车、结构自重等，或引起结构外加变形或约束变形的原因，如地震、基础不均匀沉降、温度变化等。前者为直接作用，亦称荷载；后者为间接作用，不宜称为荷载。

二、作用的分类

公路桥涵设计中所采用的作用有如下几类。

(1)永久作用(恒载)：在设计使用期内，其量值不随时间变化，或其变化与平均值相比可忽略不计的作用。

(2)可变作用：在设计使用期内，其值随时间变化，且其变化与平均值相比不可忽略不计的作用。

(3)偶然作用：在设计使用期内，出现的概率很小，一旦出现，其值很大且持续时间很短的作用。

现将各类作用列于表1-2中。

作用分类表 表1-2

编　号	作用分类	作用名称
1	永久作用（恒载）	结构重力（包括结构附加重力）
2		预加力
3		土的重力
4		土侧压力
5		混凝土收缩及徐变作用
6		水的浮力
7		基础变位作用
8	可变作用	汽车作用（或荷载）
9		汽车冲击力
10		离心力
11		汽车引起的土侧压力
12		人群
13		汽车制动力
14		风荷载
15		流水压力
16		冰压力
17		温度（均匀温度和梯度温度）作用
18		支座摩阻力
19	偶然作用	地震作用
20		船舶或漂流撞击作用
21		汽车撞击作用

【知识链接】

1.作用代表值的概念

作用代表值是指结构或结构构件设计时，针对不同设计目的所采用的各种作用的规定值，它包括作用标准值、准永久值和频遇值。

作用标准值是指结构或结构构件设计时，采用各种作用的基本代表值，其值可根据作用在设计基准期内最大值概率分布的某一分位值确定。

作用频遇值是指结构或构件按正常使用极限状态短期效应组合设计时，采用的一种可变作用代表值，其值可根据在足够长观测期内作用任意点概率分布的0.95分位值确定。

作用准永久值是指结构或构件按正常使用极限状态长期效应组合设计时，采用的另一种可变作用代表值，其值可根据在足够长观测期内任意点概率分布的0.5（或略高于0.5）分位值确定。

2.作用效应的概念

作用效应是指结构对所受作用的反应，如弯矩、扭矩、位移等。

三、规范规定

《公路工程技术标准》(JTG B01—2003)和《公路桥涵设计通用规范》(JTG D60—2004)(以下简称《通用规范》)有如下规定。

1. 公路桥梁上的汽车荷载

公路桥梁上的汽车荷载分为公路Ⅰ级和公路Ⅱ级两个等级。各级公路桥涵设计的汽车荷载等级应符合表1-3的规定。

汽车荷载等级表　　表1-3

公路等级	高速公路	一级公路	二级公路	三级公路	四级公路
汽车荷载等级	公路Ⅰ级	公路Ⅰ级	公路Ⅱ级	公路Ⅱ级	公路Ⅱ级

二级公路作为干线公路且重型车辆多时,其桥涵设计可采用公路Ⅰ级汽车荷载。四级公路其重型车辆少时,其桥涵设计可采用公路Ⅱ级车道荷载效应的0.8倍,车辆荷载效应可采用0.7倍。

2. 汽车荷载组成

汽车荷载由车道荷载和车辆荷载组成。桥梁结构的整体计算采用车道荷载;桥梁结构的局部加载、涵洞、桥台和挡土墙土压力等的计算采用车辆荷载。车道荷载与车辆荷载的作用不得叠加。

(1)车道荷载

车道荷载由均布荷载和集中荷载组成,其计算图式如图1-17所示,并按下列规定取值:

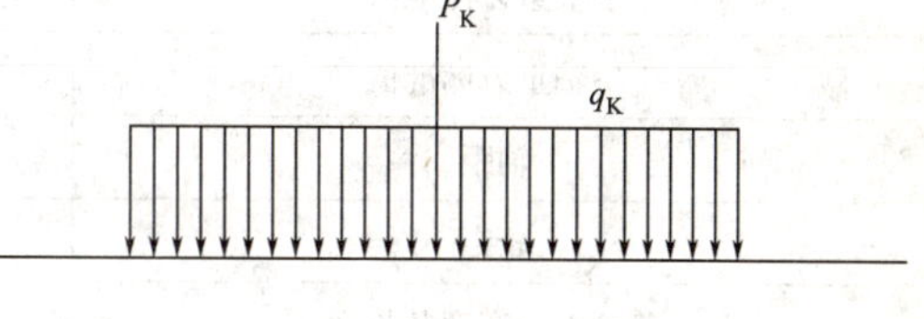

图1-17　车道荷载

①公路Ⅰ级车道荷载的均布荷载标准值为 $q_K = 10.5\text{kN/m}$;集中荷载标准值 P_K 按以下规定取值:

桥涵计算跨径小于或等于5m时,$P_K = 180\text{kN}$;

桥涵计算跨径等于或大于50m时,$P_K = 360\text{kN}$;

桥涵计算跨径大于5m、小于50m时,P_K 值采用直线内插求得。

计算剪力效应时,上述荷载标准值应乘以1.2的系数。

[注]计算跨径为:设有支座的桥梁,为相邻支座中心间的水平距离;不设支座的桥梁,为上、下部结构相交面中心间的水平距离。

②公路Ⅱ级车道荷载的均布荷载标准值 q_K 和集中荷载标准值 P_K,为公路Ⅰ级车道荷载的0.75倍。

③车道荷载的标准值应满布于使结构产生最不利效应的同号影响线上;集中荷载标准值只作用于相应影响线中一个影响线峰值处。

(2)车辆荷载

车辆荷载布置如图1-18所示,其主要技术指标规定如表1-4所示。

公路Ⅰ级和公路Ⅱ级汽车荷载采用相同的车辆荷载标准值。

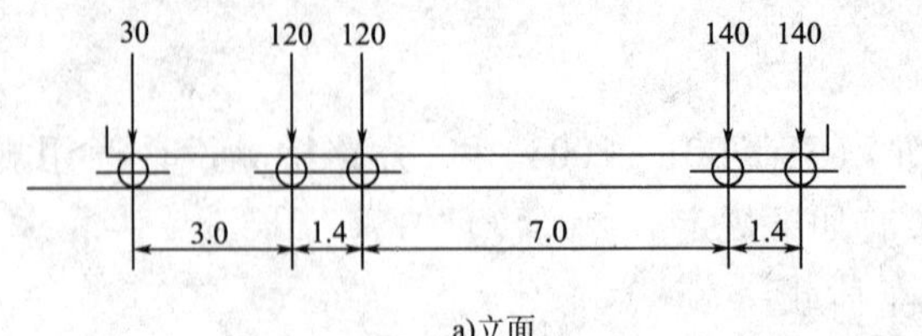

a)立面

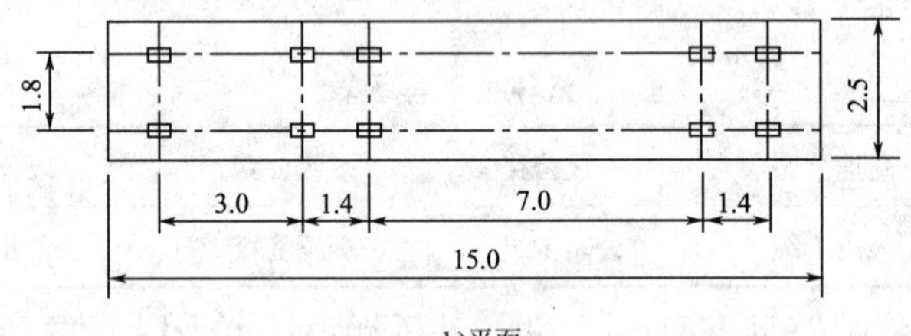

b)平面

图 1-18　车辆荷载布置图(轴重力单位:kN;尺寸单位:cm)

车辆荷载主要技术指标表　　表 1-4

项　目	单　位	技术指标
车辆重力标准值	kN	550
前轴重力标准值	kN	30
中轴重力标准值	kN	2×120
后轴重力标准值	kN	2×140
轴距	m	3+1.4+7+1.4
轮距	m	1.8
前轮着地宽度及长度	m	0.3×0.2
中、后轮着地宽度及长度	m	0.6×0.2
车辆外形尺寸(长×宽)	m×m	15×2.5

(3)人群荷载

公路桥梁设置人行道时,应同时计入人群荷载,取值如下:

①桥梁计算跨径小于或等于 50m 时,人群荷载标准值为 3.0kN/m。

②桥涵计算跨径等于或大于 150m 时,人群荷载标准值为 2.5kN/m。

③桥涵计算跨径大于 50m、小于 150m 时,可由线性内插得到人群荷载标准值。

④计算不等跨的连续结构,采用最大计算跨径的人群荷载标准值。

⑤城镇郊区行人密集地区的公路桥梁,人群荷载标准值为上述标准值的 1.15 倍。

⑥专用人行桥梁,人群荷载标准值为 3.5kN/m。

第二章　桥梁养护基本知识

桥涵是公路的重要组成部分,是公路的咽喉,特别是大、中桥梁对当地的政治、经济、国防等都具有重要意义。为了保证公路畅通无阻,应尽量保证桥涵构造物处于完好的技术状态,满足承载力和通行能力要求,达到其应有的设计使用年限。为此,相关部门必须做好对桥涵的养护、及时维修与加固。在养护工作中尽量做到减少质量隐患,早发现问题早解决,不能建而不养或养护不到位,同时做到检查要仔细认真,决不放过任何微小的质量问题。养护无小事,应切实把桥涵养护工作做好。

第一节　桥梁养护工作的内容及技术政策

桥梁养护工作的主要内容;
桥梁养护术语;
桥梁养护应遵循的技术政策。

一、桥涵养护工作的主要内容和基本要求

(1)建立、健全公路桥涵的检查、评价制度。对公路桥涵构造物进行周期性检查,系统地掌握其技术状况,及时发现缺损和相关环境的变化。按桥梁检查结果,对桥梁技术状况进行分类评定,制定相应的养护对策。

(2)建立公路桥梁管理系统和公路桥梁数据库,实施桥涵病害监控,实行科学决策。逐步建立特大型桥梁荷载报警系统,地震、洪水和流冰等预防决策系统。

(3)公路桥涵养护应做到:桥涵外观整洁,桥面铺装坚实平整、横坡适度,桥头连接顺适,排水畅通,结构完好无损,标志、标线等附属设施齐全完好。

(4)桥涵构造物的养护,首先应使原结构保持设计荷载等级的承载要求及设计交通量的通行要求。根据交通发展的需要,也可通过改造和改建来提高桥涵的承载能力和通行能力。在确定改造或改建工程方案时,应注意新旧结构之间的关系,充分发挥原有结构的作用。

(5)养护作业和工程实施应注意保障车辆、行人的安全通行及环境保护。

(6)桥涵构造物养护应有对付洪水、流冰、泥石流和地震等灾害的防护措施,同时备有应急交通预案。

(7)新建或改建桥梁交工接养,应有完备的交接手续并提供成套技术资料。特大桥、大桥应配备养护设施、机具，设置养护工作通道、扶梯、吊杆、平台，设计单位应提供养护技术要点及要求。未配置或配置不能完全满足养护工作需要的，可根据实际需要予以增添。

(8)桥涵构造物的检查及技术状况评定、养护对策，维修、加固、改建的竣工验收等有关技术文件，均应按统一格式，完整地归入桥梁养护技术档案及数据库。

二、桥涵养护的几个术语

1. 养护

为保持桥涵及其附属物的正常使用而进行的经常性保养及维修作业；预防和修复桥涵的灾害性损坏，以及为提高桥涵使用质量和服务水平而进行的改造。

2. 加固

当桥涵构造物局部损坏或承载力不足时进行的修复和补强工程措施，如图 2-1 所示。

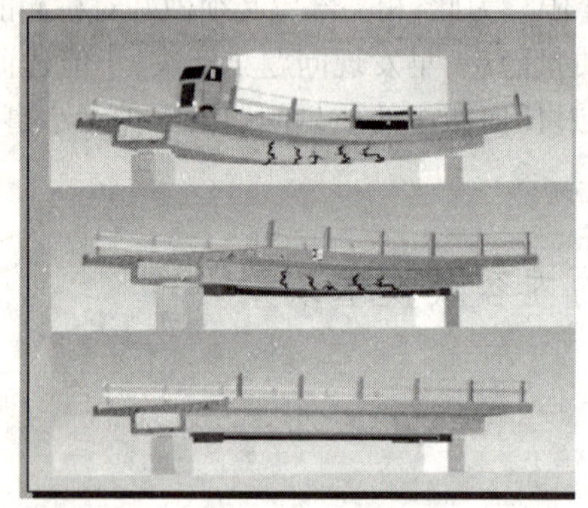

a)碳纤维加固

b)钢板加固

图 2-1　桥梁加固

3. 抢修

当桥涵因水毁等自然灾害及超载、意外事故造成中断交通或严重影响通行的破坏时，所采取的迅速恢复交通的工程措施。

4. 调治构造物

为引导和改变水流方向，使水流平顺通过桥孔并减缓水流对桥位附近河床、河岸的冲刷而修建的水工构造物。图 2-2 为丁坝防护实例图。

图 2-2　丁坝防护

5. 危桥

处于危险状态，不能达到通行安全的桥梁。危桥必须经过维修、加固或拆除重建，经验收合格达到通行能力后方可使用。

三、桥涵养护应遵循的技术政策

(1)公路桥涵养护工作按“预防为主，防治结合”的原则，以桥面养护为中心，以承重部件为重点，加强全面养护。

(2)推广应用先进的养护技术和科学的管理方法，改善养护生产手段，提高养护技术水平，大力推广和发展公路桥涵养护机械。

(3)公路桥涵的养护按其工程性质、规模大小、技术难易程度划分为小修保养、中修、大修、改建和专项工程五类。

专项抢修工程是指采用临时性措施在最短的时间内恢复交通的工程措施。专项修复工程是指采用永久性措施恢复桥涵原有功能的工程措施。对于阻断交通的桥涵修复工程，应优先安排。

(4)桥涵养护工程应重视经济技术方案的比选，并充分利用原有工程材料和设施，以降低成本。

(5)重视环境保护和环境综合治理。

第二节 桥梁养护工程分类

知识点

桥梁养护分类的依据；

桥梁养护的分类。

桥梁的养护按其工程性质、规模大小、技术难易程度划分为小修保养工程、中修工程、大修工程、改建工程和专项工程五类。

一、小修保养工程

1. 保养

对公路桥涵及其附属构造物进行预防性工作，主要内容包括以下工作：

(1)清除污泥、积雪、杂物，保持桥面、隧道内及洞口清洁；

(2)疏通涵管，疏导桥下河槽；

(3)养护伸缩缝(如图 2-3 所示)，疏通泄水孔，栏杆油漆。

2. 小修

对桥涵轻微损坏部分进行修补，使其保持完好的工程项目，主要包括以下工作：

(1)局部修理，更换栏杆(见图 2-4)和修理泄水孔、伸缩缝、支座和桥面的局部轻微损坏，如图 2-5 所示；

(2)修补墩、台及河床和修理防护圬工的微小损坏，如图 2-6 所示；

(3)修理涵洞和进出口的铺砌。

图 2-3　伸缩缝养护

图 2-4　更换栏杆

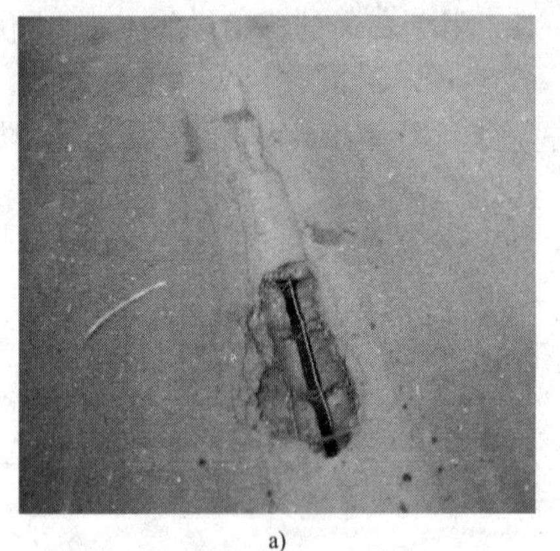

a)

b)

图 2-5　桥面局部损坏

图 2-6　修理防护圬工

图 2-7　小桥桥面加宽

二、中修工程

对公路桥涵及其附属构造物一般性磨损和局部损坏进行定期的修理加固，以恢复原状况的小型工程项目，主要包括以下工作：

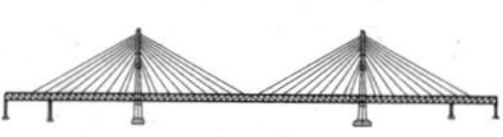

(1)修理、更换木桥的较大损坏构件及防腐；

(2)修理、更换中、小桥支座、伸缩缝及个别构件；

(3)大、中型钢桥的全面油漆防锈和各部构件的检修；

(4)永久性桥墩、台侧墙及桥面的修理和小桥桥面的加宽，如图2-7所示；

(5)重建、增建、接长涵洞；

(6)桥梁河床铺底或调治构造物的修复和加固。

三、大修工程

对桥涵及其附属构造物的较大损坏进行周期性的综合修理，以全面恢复到原设计标准的技术状况，或在原技术等级范围内进行局部改造和个别增建，以逐步提高其通行能力的工程项目。如：

(1)不提高技术等级的大、中型桥梁的加宽、加固、加高；

(2)增改建小型桥梁和技术性简单的中桥；

(3)增改建较大的河床铺底和永久性调治构造物；

(4)吊桥、斜拉桥的修理与个别索的调整更换；

(5)大桥桥面铺装的更换，如图2-8所示；

a)拆除混凝土

b)拆除沥青混凝土

c)浇筑水泥混凝土桥面铺装层

图2-8　更换桥面铺装

(6)大桥支座、伸缩缝的修理、更换,如图2-9所示。

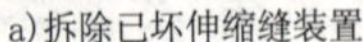
a)拆除已坏伸缩缝装置

b)安装新的伸缩缝装置

图2-9　更换伸缩缝装置

四、改建工程

对桥涵及其附属构造物因不适应交通量、荷载、泄洪要求而提高技术等级,或因公路局部改移需要重建,或为了显著提高通行能力而进行的较大型、大型工程项目。如:

(1)提高公路技术等级的加固、加宽、加高大、中桥梁;

(2)增改建小型立体交叉桥和10km以内整段改善的大、中桥梁等。

五、专项工程

专项抢修工程是指采用临时性措施在最短的时间内恢复交通的工程措施。专项修复工程是指采用永久性措施恢复桥涵原有的功能。对于阻断交通的桥涵修复工程,应优先安排。

第三节　桥 梁 检 查

知识点

桥梁检查的种类;

桥梁各类检查的要求。

桥梁检查是桥梁养护工作中的一个重要环节,也是桥梁养护的基础性工作。对桥梁进行检查,目的在于系统地掌握桥梁的技术状况,较早地发现桥梁的缺陷和异常,进而合理地提出养护措施。桥梁的检查分为经常检查、定期检查和特殊检查三种。

一、经常检查

经常检查主要指对桥面设施、上部结构、下部结构及附属构造的技术状况进行的检查。

1. 经常检查的时间

经常检查的周期根据桥梁技术状况而定，一般每月不得少于一次，汛期应加强不定期检查。

2. 经常检查的方法

经常检查采用目测方法，也可配以简单工具进行测量，当场填写“桥梁经常检查记录表”，如表 2-1 所示。现场要登记所检查项目的缺损类型、估计缺损范围及养护工作量，提出相应的小修保养措施，为编制辖区的桥梁养护（小修保养）计划提供依据。

桥梁经常检查记录表

表 2-1

管理单位					
路线编码		路线名称		桥位桩号	
桥梁编码		桥梁名称		养护单位	
部件名称	缺损类型	缺陷范围		养护意见	
翼墙					
锥坡、护坡					
桥台及基础					
桥墩及基础					
地基冲刷					
支座					
上部结构异常变形					
桥与路连接					
伸缩缝					
桥面铺装					
人行道、缘石					
栏杆、护栏					
标志、标线					
排水设施					
照明系统					
桥面清洁					
调治构造物					
其他					
负责人		记录人		检查日期	

3. 经常检查的问题处理

经常检查中发现桥梁重要部件存在明显缺陷时，应及时向上级提交专项报告。

4. 经常检查的检查内容

（1）外观是否整洁，有无杂物堆积，杂草蔓生。构件表面的涂装层是否完好，有无损坏，老化变色、开裂、起皮、剥落、锈迹。

(2)桥面铺装是否平整、有无裂缝、局部坑槽、积水、沉陷、波浪、碎边；混凝土桥面是否有剥离、渗透，钢筋是否漏筋、锈蚀，缝料是否老化、损坏，桥头有无跳车。

(3)排水设施是否良好，桥面泄水管是否堵塞和破损。

(4)伸缩缝是否填塞卡死，连接部件有无松动、脱落、局部破损。

(5)人行道、缘石、栏杆、扶手、防撞护栏和引道护栏有无撞坏、断裂、松动、错位、缺件、剥落、锈蚀等。

(6)观察桥梁结构有无异常变形，异常的竖向振动、横向摆动等情况，然后检查各部件的技术状况，查找异常原因。

(7)支座是否有明显缺陷，活动支座是否灵活，位移量是否正常。支座的经常检查一般可以每季度进行一次。

(8)桥位区段河床冲淤变化情况。

(9)基础是否受到冲刷损坏、外露、悬空、下沉，墩台及基础是否受到生物腐蚀。

(10)墩台是否受到船只或漂流物撞击而受损。

(11)翼墙(侧墙、耳墙)有无开裂、倾斜、滑移、沉降、风化剥落和异常变形。

(12)锥坡、护坡、调治构造物有无塌陷、铺砌面有无缺损、勾缝脱落、灌木杂草丛生。

(13)交通信号、标志、标线、照明设施以及桥梁其他附属设施是否完好。

(14)其他显而易见的损坏或病害。

二、定期检查

定期检查是为评定桥梁使用功能，制订管理养护计划提供基本数据，对桥梁主体结构及其附属构造物的技术状况进行的全面检查，它为桥梁养护管理系统搜集结构技术状况的动态数据。

1. 定期检查的时间规定

(1)定期检查的周期根据桥梁技术状况而定，最长不得超过 3 年。新建桥梁，交付使用 1 年后，进行第一次全面检查；临时桥梁，每年检查不少于 1 次。

(2)在经常检查中发现的重要部(构)件的缺损明显达到三、四、五类技术状况时，应立即安排一次检查。

2. 定期检查设备及主要工作

定期检查以目测观察结合仪器进行，辅以必要的测量仪器、望远镜、照相机、探查工具和现场器材等设备。必须接近或进入各部件仔细检查其缺损情况。定期检查的主要工作有：

(1)现场校核桥梁基本数据(桥梁基本状况卡片)，如表 2-2 所示；

(2)当场填写“桥梁定期检查记录表”（表 2-3)，记录各部件缺损状况并作出技术状况评分；

(3)实地判断缺损原因，估定维修范围及方式；

(4)对难以判断损坏原因和程度的部件，提出特殊检查(专检)的要求；

(5)对损坏严重、危及安全运行的危险桥梁，提出暂时限制交通的建议；

(6)根据桥梁的技术状况，确定下次检查的时间。

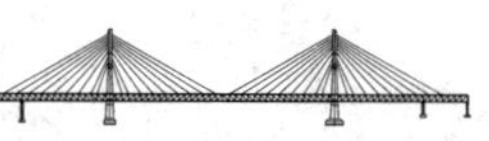

桥梁基本状况卡片(实例)　　表 2-2

A. 行政识别数据

1	路线编号	S315	2	路线名称	××路	3	路线等级	二
4	桥梁编号		5	桥梁名称	×××桥	6	桥位桩号	K24 +940
7	功能类型		8	下穿通道名		9	下穿通道桩号	
10	设计荷载	汽-20	11	通行载重	汽-20	12	弯斜坡度	
13	桥面铺装	沥青混凝土	14	管养单位	×××站	15	建成年限	1971

B. 结构技术数据

16	桥长(m)	186.5	17	桥面总宽(m)	17	18	车行道宽(m)	14
19	桥面高程(m)		20	桥下净高(m)	3.5	21	桥上净高(m)	1.2
22	引道总宽(m)		23	引道路面宽(m)		24	引道线形	

上部结构	25	孔号	16 孔				下部结构	29	墩台	灌注桩		
	26	形式	空心板					30	形式	柱式		
	27	跨径(m)	10.7					31	材料	钢筋混凝土		
	28	材料	钢筋混凝土					32	基础形式	柱式		

33	伸缩缝类型	自然	34	支座形式	橡胶	35	地震动峰值加速度系数	
36	桥台护坡	锥形	37	护墩体	有	38	调治构造物	
39	常水位		40	设计水位		41	历史洪水位	

C. 档案资料(全、不全或无)

42	设计图纸	不全	43	设计文件	不全	44	施工文件	不全
45	竣工图纸	不全	46	验收文件	不全	47	行政文件	不全
48	定期检查报告		49	特殊检查报告		50	历史维修资料	不全
51	档案号		52	存档案	不全	53	建档年/月	

D. 最近技术状况评定

54	55	56	57	58	59	60	61	62	63	64
检查年月	定期或特殊检查	全桥评定等级	桥台与基础	桥墩与基础	地基冲刷	上部结构	支座	经常保养小修	处治对策	下次检查年份
06.10	定期	一类	一类	一类	一类	一类	一类	良好		××年

E. 修建工程记录

65 施工日期		66 修建类别	67 修建原因	68 工程范围	69 工程费用(万元)	70 经费来源	71 质量评定	72 建设单位	73 设计单位	74 施工单位	75 监理单位
开工	竣工										
06.5	06.8	砌石	冲刷	5.5		市局拨付	良好	公路局		大洋建筑队	公路局

续上表

<table>
<tr><td rowspan="1">76</td><td colspan="10">备注：
</td></tr>
<tr><td>F.</td><td>桥梁照片</td><td>77</td><td>立面照</td><td colspan="2"></td><td>78</td><td>桥面正面照</td><td colspan="3"></td></tr>
<tr><td>79</td><td>主管负责人</td><td colspan="2">×××</td><td>80</td><td>填卡人</td><td>×××</td><td>81</td><td>填卡日期</td><td colspan="2">××年×月×日</td></tr>
</table>

桥梁定期性检查记录表 表 2-3

（县级道路管理机构名称）

1. 路线编码		2. 路线名称		3. 桥位桩号	
4. 桥梁编码		5. 桥梁名称		6. 下穿通道名	
7. 桥长(m)		8. 主跨结构		9. 最大跨径(m)	
10. 管养单位		11. 建成日期		12. 上次大、中修日期	
13. 上次检查日期		14. 本次检查日期		15. 气候	

16. 部件号	17. 部件名称	18. 评分(0～5)	19. 特别检查	20. 维修范围	21. 维修方式	22. 维修时间	23. 费用(元)
1	翼墙、耳墙						
2	锥坡、护坡						
3	桥台及基础						
4	桥墩及基础						
5	地基冲刷						
6	支座						
7	上部主要承重构件						
8	上部一般承重构件						
9	桥面铺装						
10	桥头跳车						
11	伸缩缝						
12	人行道						
13	栏杆、护栏						
14	照明、标志						
15	排水设施						
16	调治构造物						
17	其他						

续上表

24. 总体状况评定等级		25. 全桥清洁状况评分		26. 保养、小修状况评分	
27. 经常性养护建议					
28. 记录人		29. 负责人		30. 下次检查时间	
31. 缺损说明					

32. 部件号	33. 部件名称	34. 缺损位置	35. 缺损状况(类型、性质、范围、程度)	36. 照片或图片(编号/年)
1	翼墙、耳墙			
2	锥坡、护坡			
3	桥台及基础			
4	桥墩及基础			
5	地基冲刷			
6	支座			
7	上部主要承重构件			
8	上部一般承重构件			
9	桥面铺装			
10	桥头跳车			
11	伸缩缝			
12	人行道			
13	栏杆、护栏			
14	照明、标志			
15	排水设施			
16	调治构造物			
17	其他			

3. 定期检查工作程序

定期检查工作应按规范程序进行，其工作流程如图 2-10 所示。

4. 特大型、大型桥梁的控制检测

(1)设立永久性观测点，定期进行控制检测。控制检测的项目及永久性检测点。控制检测项目见表 2-4。特大型桥梁或特殊桥梁还可根据养护、管理的需要，增加相应的控制检测项目。

(2)新建桥梁交付使用前，公路管理机构应事先要求桥梁建设单位在竣工时设置便于检测的永久性观测点。大桥、特大桥必须设置永久性观测点。测点的编号、位置(距离、高程和地物特征)和竣工测量数据，均应在竣工图上标明，作为验收文件中必要的竣工资料予以归档。

(3)应设而没有设置永久性观测点的桥梁，应在定期检查时按规定补设。测点布设和首次检测的时间及检测数据等，应按竣工资料的要求予以归档。

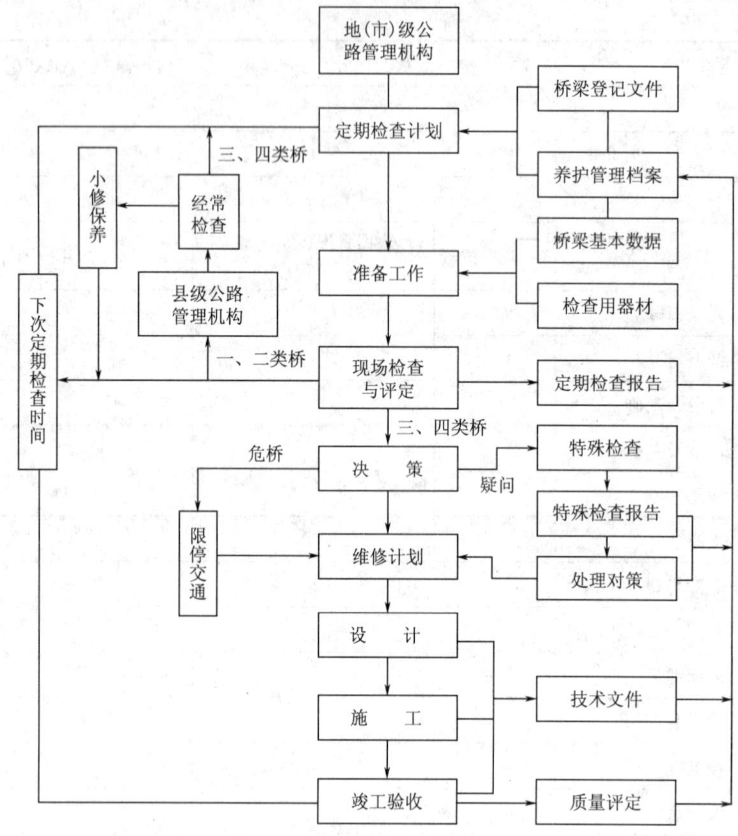

图 2-10　公路桥梁定期检查工作流程

(4)桥梁主体结构维修、加固或改建前后,必须进行控制测量,以保持观测资料的连续性。若控制点有变动,应及时检测,建立基准数据。

(5)桥梁永久性观测点的设置要牢固可靠,当永久性控制点与国家大地测量网联络有困难时,可建立相对独立的基准测量系统。

(6)特大、大、中桥墩(台)旁,必要时可设置水尺或标志,以观测水位和冲刷情况。

桥梁永久性控制检测项目　　表 2-4

序号	检测项目	观测点	检测方法
1	墩、台身、索塔、锚碇的高程	墩、台身底部(距地面或常水位 0.5 ~ 2m)、桥台侧墙尾部顶面和锚碇的上下游各 1 ~ 2 点	水准仪
2	墩、台身、索塔倾斜度	墩、台身底部(距地面或常水位 0.5 ~ 2m 内)的上下游两侧各 1 ~ 2 点	垂线法或测斜仪
3	桥面高程	沿行车道两边(靠缘石处),按每孔跨中、$L/4$、支点等不少于 5 个位置(10 个点)。测点应固定于桥面板上	水准仪
4	拱桥桥台、悬索桥锚碇水平位移	在拱座、锚碇的上下游两侧各 1 点	经纬仪
说明	①上下行分离式桥按两座桥分别设点; ②倾斜度测点应用于上下相距 0.5 ~ 1m 的两点标记检测; ③永久性测点宜用统一规格的圆头铆钉和在铝板上用钢印编号,或靠地固着于被测部件上; ④所有测点的位置和编号,以及检测数据必须在桥梁总体图和数据表中注明,并归档		

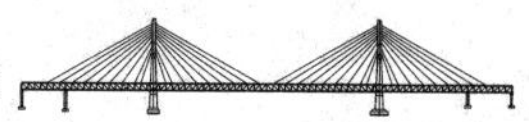

5. 定期检查包括的具体内容

(1)桥面系构造的检查。

①桥面铺装层纵、横坡是否顺适,有无严重的裂缝、坑槽、波浪、桥头跳车、防水层漏水。

②伸缩缝是否有异常变形、破损、脱落、漏水,是否造成明显的跳车。

③人行道构件、栏杆、护栏有无撞坏、断裂、错位、缺件、剥落、锈蚀等。

④桥面排水是否顺畅,泄水管是否完好、畅通,锥坡有无冲蚀、塌陷。

⑤桥上交通信号、标志、标线、照明设施是否损坏、老化、失效,是否需要更换。

⑥桥上避雷装置是否完善,避雷系统性能是否良好。

⑦桥上航空灯、航道灯是否完好,能否保证正常照明。结构物内供养护检修的照明系统是否完好。

⑧桥上的路用通信、供电线路及设备是否完好。

(2)钢筋混凝土和预应力混凝土梁桥的检查。

①梁端头、底面是否损坏,箱形梁内是否有积水,通风是否良好。

②混凝土有无裂缝、渗水、表面风化、剥落、露筋和钢筋锈蚀,有无碱—集料反应引起的整体龟裂现象。混凝土表面有无严重碳化。

③预应力钢束锚固区段混凝土有无开裂,沿预应力筋的混凝土表面有无纵向裂缝。

④梁(板)式结构的支点、跨中、变截面处,悬臂端牛腿或中间铰部位,刚构的固结处和桁架节点等部位,其混凝土有无开裂、缺损和出现钢筋锈蚀。

⑤组合梁的桥面板与梁的结合部位,以及预制桥面板之间的接头处,混凝土有无开裂、渗水。横向连接构件是否开裂,连接钢板的焊缝有无锈蚀、断裂,边梁有无横移或向外倾斜。

(3)拱桥的检查。

①主拱圈的拱板或拱肋是否开裂。钢筋混凝土拱桥有无露筋。圬工拱桥砌块有无压碎、局部掉块,砌缝有无脱离或脱落、渗水,表面有无苔藓、草木滋生,拱铰工作是否正常。空腹拱的小拱有无较大的变形、开裂、错位,立墙、立柱有无倾斜、开裂等。

②拱上立柱(或立墙)上下端、盖梁或横系梁的混凝土有无开裂、剥落、露筋或锈蚀。中、下承式拱桥的吊杆上下锚固区的混凝土有无开裂、渗水,吊杆锚头附近有无锈蚀现象,外罩是否有裂纹,锚头夹片、楔块是否发生滑移,吊杆钢索有无断丝。采用型钢或钢管混凝土芯的劲性骨架拱桥,混凝土是否沿骨架出现纵向或横向裂缝。

③拱桥的侧墙与主拱圈间有无脱落,侧墙有无鼓突变形、开裂,实腹拱拱上填料有无沉陷。肋拱桥的肋间横向连接是否有开裂、表面剥落、钢筋外露、锈蚀等状况。

④双曲拱桥拱肋间横向连接拉杆是否松动或断裂,拱波与拱肋结合处是否开裂、脱开,拱波间砂浆是否松散、脱落,拱波顶是否开裂、渗水等。

⑤薄壳拱桥壳体纵、横向及斜向是否出现裂缝及系杆是否开裂。

⑥系杆拱的系杆是否开裂,无混凝土包裹的系杆是否有锈蚀。

⑦钢管混凝土拱桥裸露部分的钢管及构件检查参见钢桥检查有关的内容,同时还应检查管内混凝土是否填充密实。

(4)钢桥的检查。

①构件(特别是受压构件)是否扭曲变形、局部损伤。

②铆钉和螺栓有无松动、脱落或断裂，节点是否滑动、错裂。

③焊缝边缘（热影响区）有无裂纹或脱开。

④油漆层有无裂纹、起皮、脱落，构件有无锈蚀。

⑤钢箱梁封闭环境中的湿度是否符合要求，除湿设施是否工作正常。

（5）通道、跨线桥与高架桥的检查。

通道、跨线桥与高架桥的结构检查同其他一般公路桥梁。通道还应检查通道内有无积水，机械排水的泵站是否完好，排水系统是否畅通。跨线桥、高架桥还应检查防抛网、隔音墙是否完好。通道、跨线桥与高架桥下的道面是否完好，有无非法占用情况等。

（6）悬索桥和斜拉桥的检查。

①检查索塔高程、塔柱倾斜度、桥面高程及梁体纵向位移，注意是否有异常变位。

②检测索体振动频率、索力有无异常变化，索体振动频率观测应在多种典型气候下进行。每观测周期不超过6年。

③主梁或加劲梁的检查，按预应力混凝土及钢结构的相应要求进行。

④悬索桥的锚碇及锚杆有无异常的拔动，锚头、散索鞍有无锈蚀破损，锚室（锚洞）有无开裂、变形、积水，温湿度是否符合要求。

⑤主缆、吊杆及斜拉索的表面封闭、防护是否完好，有无破损、老化。

⑥悬索桥的索鞍是否有异常的错位、卡死、辊轴歪斜，构件是否有锈蚀、破损，主缆索跨过索鞍部分是否有挤扁现象。

⑦悬索桥吊杆上端与主缆索的索夹是否有松动、移位和破损，下端与梁连接的螺栓有无松动。

⑧逐束检测索体是否开裂、鼓胀及变形，必要时可剥开护套检查索内干湿情况和钢索的锈蚀情况。检查后应做好保护套剥开处的防护处理。

⑨逐个检查锚具及周围混凝土的情况，锚具是否渗水、锈蚀，是否有锈水流出的痕迹，周围混凝土是否开裂。必要时可打开锚具后盖抽查锚环内是否积水、潮湿，防锈油是否结块、乳化失效，锚杯是否锈蚀。

⑩逐个检查索端出索处钢护筒，钢管与索套管连接处的外观情况。检查钢护筒是否松动脱落、锈蚀、渗水，抽查连接处钢护筒内防水垫圈是否老化失效，筒内是否潮湿积水。

⑪索塔的爬梯、检查门、工作电梯是否可靠安全，塔内的照明系统是否完好。

（7）支座的检查。

①支座组件是否完好、清洁、有无断裂、错位、脱空。

②活动支座是否灵活，实际位移量是否正常，固定支座的锚销是否完好。

③支撑垫石是否有裂缝。

④简易支座的油毡是否老化、破裂或失效。

⑤橡胶支座是否老化、开裂，有无过大的剪切变形或压缩变形，各夹层钢板之间的橡胶层外凸是否均匀。

⑥四氟滑板支座是否脏污、老化，四氟乙烯板支座完好，橡胶块是否滑出钢板。

⑦盆式橡胶支座的固定螺栓是否剪断，螺母是否松动，钢盆外露部分是否锈蚀，防尘罩是否完好。

⑧组合式钢支座是否干涩、锈蚀，固定支座的锚栓是否紧固，销板或销钉是否完好。

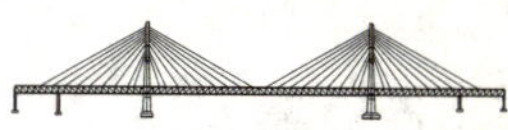

⑨摆柱支座各组件相对位置是否准确,受力是否均匀。

⑩辊轴支座的辊轴是否出现不允许的爬动、歪斜。

⑪摇轴支座是否倾斜。

⑫钢筋混凝土摆柱支座的柱体有无混凝土脱皮、开裂,露筋及钢板有无锈蚀。

(8)墩台与基础的检查。

①墩台及基础有无滑动、倾斜、下沉和冻拔。

②台背填土有无沉降或挤压隆起。

③混凝土墩台及帽梁有无冻胀、风化、开裂、剥落、露筋等。

④石砌墩台有无砌块断裂、通缝脱开、变形,砌体泄水孔是否堵塞,防水层是否破坏。

⑤墩台顶面是否清洁,伸缩缝处是否漏水。

⑥基础下是否发生不许可的冲刷或淘空现象,扩大基础的地基有无侵蚀。桩基顶端在水位涨落、干湿交替变化处有无冲刷磨损、颈缩、露筋,有无环状冻裂,是否受到污水、咸水或生物腐蚀。必要时对大桥、特大桥的深水基础应派潜水员潜水检查。

(9)调治构造物是否完好,功能是否适用,桥位段河床是否有明显的冲淤或漂流物堵塞现象。

(10)桥梁检查中发现的各种缺损等均应在现场将其范围及日期标记清楚。发现三类以上桥梁及有严重缺损和难以判明损坏原因和程度的桥梁,应作影像记录,并附病害状况说明。

6. 桥梁定期检查后应整理提出的文件

(1)桥梁定期检查数据表。每天检查的桥梁现场记录,应在次日内整理成每座桥梁定期检查数据表。

(2)典型缺损和病害的照片及说明,缺损状况的描述应采用专业标准术语,说明缺损的部位、类型、性质、范围、数量和程度等。

(3)每座桥梁应有两张总体照片。一张为桥面正面照片,另一张为桥梁上游侧立面照片。桥梁改建后应重新照一次。如果桥梁拓宽改造后,上下游桥梁结构不一致,还要有下游侧立面照片,并标注清楚。

(4)桥梁清单。

(5)桥梁基本状况卡片。定期检查完成后,应将本次检查的桥梁各部件技术状况评定结果登记在桥梁卡片内。

(6)定期检查报告,应包括下列内容。

①辖区内所有桥梁的保养小修情况。

②需要大中修或改善的桥梁计划。说明修理的项目,拟用修理方案,估计费用和实施时间。

③需要进行特殊检查的桥梁的报告,说明检验的项目及理由。

④需限制交通的桥梁的建议报告。

三、特殊检查

1. 特殊检查定义

特殊检查是查清桥梁病害原因、破损程度、承载能力、抗灾能力,确定桥梁技术状态的工作。

2. 桥梁特殊检查分类

桥梁特殊检查分应急检查和专门检查。

(1)应急检查

当桥梁遭受洪水、流冰、漂流物、船舶撞击、滑坡、地震、风灾和超重车辆通过之后，为了查明破损状况，采取应急措施，组织恢复交通，对结构进行的详细检查和鉴定工作。

(2)专门检查

根据经常检查和定期检查的结果，对需要进一步判明损坏原因、缺损程度和使用能力的桥梁，针对病害进行专门的现场试验检测、验算与分析等鉴定工作。

专门检查的内容及方法如下：

①结构材料缺损状况判断，主要有材料损坏程度检测、材料物理化学性能测试、缺损原因分析判断等。

②结构整体性能、功能状况鉴定，主要有结构承载力(强度、刚度和稳定性)鉴定、桥梁抗洪能力的鉴定等。

③公路旧桥材料性能检测是对其结构及部件的材料质量所存在的缺陷状况进行详细检测、试验、判断的过程，主要有混凝土现场检测和钢筋锈蚀检测。

混凝土现场检测分为混凝土强度检测、碳化深度检测、缺陷损伤检测。

混凝土强度检测的主要方法有非破损检测法(回弹法、超声法、超声回弹综合法)、半破损检测法(钻芯法、贯入法、拔拉法、拉脱法)。

缺陷损伤检测法主要有混凝土均匀法、综合面质量、表面损伤层、不密实区和空洞、浅裂缝、深裂缝检测。主要方法有超声波探伤法、目测法、声波检测法、声波发射检测开裂活动法、射线照相法、放射测定法、红外线热测法、雷达检测法等。

钢筋锈蚀的检测分直接检测和间接检测两种。直接检测方法有半电池电位检测法、质量损失法、截面损失法3种。间接检测法有混凝土碳化深度的现场检测、保护层厚度现场检测、电阻率检测、氯离子含量检测、气透性检测等5种。

④公路旧桥结构性能检测是对其结构及部件的工作性能所存在的缺陷状况进行详细检测、试验、判断的过程，包括承载力检测与承载力评价两方面。承载力鉴定的主要方法是荷载试验(静载试验+动载试验)。

3. 特殊检查承担单位

特殊检查应委托有相应资质和能力的单位承担。

4. 特殊检查的情形

(1)定期检查中难以判明损坏原因及程度的桥梁。

(2)桥梁技术状况为四、五类者。

(3)拟通过加固手段提高荷载等级的桥梁。

(4)条件许可时，特殊重要的桥梁在正常使用期间可周期性进行荷载试验。

桥梁遭受洪水、流冰、滑坡、地震、风灾、漂流物或船舶撞击，因超重车辆通过或其他异常情况影响造成损害时，应进行应急检查。

5. 特殊检查

特殊检查应根据桥梁的破损状况和性质，采用仪器设备进行现场测试、荷载试验及其他辅助试验，针对桥梁现状进行检算分析，形成鉴定结论。

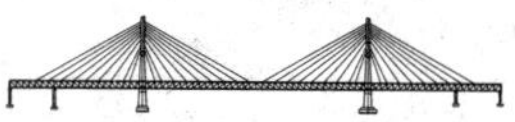

6. 实施专门检查前，应收集资料

承担单位负责检查的工程师应充分收集资料，包括设计资料（设计文件、计算所用的程序、方法及计算结果）、竣工图、材料试验报告、施工记录、历次桥梁定期检查和特殊检查报告，以及历次维修资料等。原资料不全或有疑问时，可现场测绘构造物尺寸，测试构件材料组成及性能，勘查水文地质情况等。

7. 桥梁特殊检查

应根据需要对以下三个方面问题作出鉴定：

(1)桥梁结构材料缺损状况。包括对材料物理、化学性能退化程度及原因的测试鉴定；结构或构件开裂状态的检测及评定。

(2)桥梁结构承载能力。包括对结构强度、稳定性和刚度的检算、试验和鉴定。

(3)桥梁防灾能力。包括桥梁抵抗洪水、流冰、风、地震及其他地质灾害等能力的检测鉴定。

8. 桥梁结构材料缺损状况鉴定

桥梁结构材料缺损状况鉴定，可根据鉴定要求和缺损的类型、位置，选择表面测量、无破损检测和局部取试样等有效可靠的方法。试样应在有代表性构件的次要部位获取。

9. 桥梁结构检算及承载能力试验

应按国家及行业有关标准和技术规范进行。

10. 抗灾能力鉴定

一般采用现场测试与检算的方法，特别重要的桥梁可进行模拟试验。

11. 原设计条件发生了变化

原设计条件已经发生变化的，所有鉴定都应针对当时桥梁的实际状况，不能套用原设计的资料数据。

12. 特殊检查之后，应提交的特殊检查报告

特殊检查报告应包括以下主要内容：

(1)概述检查的一般情况，包括桥梁的基本情况、检查的组织、时间、背景和工作过程等；

(2)当前桥梁技术状况的描述，包括现场调查、试验与检测项目及方法、检测数据与分析结果和桥梁技术状况评价等；

(3)详细阐述检查部位的损坏原因及程度，并提出构件和总体的修理、加固或改造的建议方案。

第四节 桥 梁 评 定

桥梁评定的分类；
桥梁的一般评定；
桥梁适应性评定；
养护对策。

一、桥梁评定的分类

桥梁评定分为一般评定和适应性评定。

(1)一般评定是依据桥梁定期检查资料,通过对桥梁各部件技术状况的综合评定,确定桥梁的技术状况等级,提出各类桥梁的养护措施。

(2)桥梁的适应性评定,包括:依据桥梁定期及特殊检查资料,结合试验与结构受力分析,评定桥梁的实际承载能力、通行能力、抗洪能力,提出桥梁养护、改造方案。

(3)一般评定由负责定期检查者进行,适应性评定应委托相应资质及能力的单位进行。

二、一般评定

全桥总体技术状况等级评定,宜采用考虑桥梁各部件权重的综合评定方法。亦可按重要部件最差的缺损状况评定,或对照桥梁技术状况评定标准(表2-5)进行评定。

桥梁技术状况评定标准　　表2-5

项目	一　类	二　类	三　类	四　类	五　类
总体评定	完好、良好状态 1. 重要部件功能与材料均良好; 2. 次要部件功能良好,材料有少量(3%以内)轻度缺损或污染; 3. 承载能力和桥面行车条件符合设计指标	较好状态 1. 重要部件功能良好,材料有局部(3%以内)轻度缺损或污染,裂缝宽小于限值; 2. 次要部件有较多(10%以内)中等缺损或污染; 3. 承载能力和桥面行车条件达到设计指标	较差状态 1. 重要部件材料有较多(10%以内)中等缺损,裂缝宽超限值,或出现轻度功能性病害,但发展缓慢,尚能维持正常使用功能; 2. 次要部件有大量(10%~20%)严重缺损,功能降低,进一步恶化将不利于重要部件和影响正常交通; 3. 承载能力比设计降低10%以内,桥面行车不舒适	差的状态 1. 重要部件材料有10%~20%严重缺损,裂缝宽超限值,风化、剥落、露筋、锈蚀严重,或出现轻度功能性病害,且发展较快。结构变形小于或等于规范值,功能明显降低; 2. 次要部件有20%以上的严重缺损,失去应有功能,严重影响正常交通; 3. 承载能力比设计降低10%~25%	危险状态 1. 重要部件出现严重的功能性病害,且有继续扩张现象,关键部位的部分材料强度达到极限,出现部分钢筋断裂、混凝土压碎或杆件失稳变形的破损现象,变形大于规范值,结构的强度、刚度、稳定性和动力响应不能达到平时交通安全通行的要求; 2. 承载能力比设计降低25%以上
墩台与基础	1. 墩台各部分完好; 2. 基础及地基状况良好	1. 墩台基本完好; 2. 3%以内的表面有风化、麻面、短细裂缝,缝宽小于限值,砌体灰缝脱落; 3. 表面长有青苔、杂草; 4. 基础无冲蚀现象	1. 墩台3%~10%的表面有各种缺损,裂缝宽超限值,有风化、剥落、露筋、锈蚀现象;砌体灰缝脱落,局部变形等; 2. 出现轻微的下沉、倾斜、滑动等现象,发展缓慢或趋向稳定; 3. 基础有局部冲蚀现象,桩基顶端被磨损	1. 墩台10%~20%的表面有各种缺损,裂缝宽而密,剥落、露筋、锈蚀严重,砌体大面积松动、变形; 2. 墩台出现下沉、倾斜、滑动、冻拔现象,变形小于或等于规范值。台背填土有沉降裂缝或挤压隆起变形发展较快; 3. 基础冲刷大于设计值,基底冲空面在10%~20%内。桩基顶段被侵蚀、露筋、缩颈,或有环状冻裂,木桩腐蚀、蛀蚀严重	1. 墩台不稳定,下沉、倾斜、滑动、冻拔现象严重,变形大于规范值,造成上部结构和桥面变形过大,不能正常行车; 2. 墩台、桩基出现结构性裂缝,裂缝宽度超过限值; 3. 基底冲刷深度大于设计值,冲空面达20%以上。地基承载力降低,桥台岸坡滑移

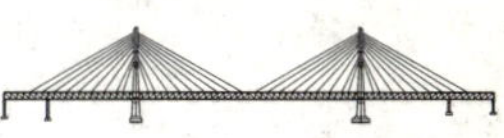

续上表

项目	一　类	二　类	三　类	四　类	五　类
支座	1. 各部分清洁完好，位置正确； 2. 支座工作状态正常	1. 支座有尘土堆积、略有腐蚀； 2. 支座滑动面干涩	1. 钢支座固定螺栓松动，锈蚀严重； 2. 橡胶支座开始老化； 3. 混凝土支座有剥落、露筋、锈蚀现象	1. 钢支座的组件出现断裂； 2. 橡胶支座老化开裂； 3. 混凝土支座碎裂； 4. 活动支座坏死，不能活动； 5. 支座上下错位过大，有倾倒脱落的危险	支座错位、变形、破损严重，已失去正常支承功能，使上下部结构受到异常约束，造成支承部位的缺损和桥面的不平顺
砖、石、混凝土上部结构	1. 结构完好，无渗水，无污染； 2. 次要部位有少量短细裂纹，裂纹宽度小于限值	1. 结构基本完好； 2. 3% 以内的表面有风化、麻面、短细裂缝，缝宽小于限值，砌体灰缝脱落； 3. 上下游侧表面有水迹污染，砌体滋生杂草	1. 结构 3% ~10% 的表面有各种缺损，裂缝宽超限值，有风化、剥落、露筋、锈蚀，桥面板裂缝渗水； 2. 石砌拱桥砌体灰缝脱落，局部松动、外鼓； 3. 横向连接件断裂、脱焊或松动，边梁或边拱肋有横移或外倾迹象	1. 结构 10% ~20% 的表面有各种缺损，重点部位出现接近全截面的开裂，裂缝宽超限值，顺主筋方向有纵向裂缝，钢筋锈蚀和混凝土剥落严重，桥面开裂渗水严重，砌体有较大松动、变形； 2. 结构存在明显的永久变形，变形小于或等于规范值，桥面竖向成波形	1. 结构永久变形大于规范值； 2. 重点部分出现全截面开裂，裂缝宽度超过限值，部分钢筋屈服或断裂，混凝土压碎。主拱圈出现四铰成不稳定结构； 3. 受压构件有严重的横向扭曲变形； 4. 承载能力比设计降低 25% 以上
钢结构	1. 各部件及焊缝均完好； 2. 各节点铆钉、螺栓无松动； 3. 各部分油漆均匀、完整，色泽鲜明	1. 各部件完好，焊缝无开焊； 2. 少数节点有个别铆钉、螺栓松动变形； 3. 油漆变色、起泡剥落，面积在 10% 以内	1. 个别次要构件有局部变形，焊缝有裂纹； 2. 连接铆钉、螺栓损坏在 10% 以内； 3. 油漆失效面积在 10% ~20% 之间	1. 个别主要构件有扭曲变形、损伤裂纹、开焊、严重锈蚀； 2. 连接铆钉、螺栓损坏在 10% ~20% 之间； 3. 油漆失效面积在 20% 以上	1. 主要构件有严重扭曲变形、开焊，锈蚀削弱截面 10% 以上，钢材变质，强度性能恶化。油漆失效面积在 50% 以上； 2. 节点板及连接铆钉、螺栓损坏在 20% 以上； 3. 结构永久变形大于规范值； 4. 结构振动或摆动过大，行车和行人有不安全感
人行道栏杆	完整清洁，无松动，少数构件局部有细裂纹、麻面	个别构件破损、脱落，3% 以内构件有松动、开裂、剥落和污染	10% 以内构件有松动、开裂、剥落、露筋、锈蚀、破损、脱落	10% ~20% 构件严重损坏、错位、变形、脱落、残缺	
桥面铺装、伸缩缝	1. 铺装层完好、平整、清洁，或有个别细裂缝； 2. 防水层完好、泄水管完好、畅通； 3. 伸缝缝完好、清洁； 4. 桥头平顺，无跳车现象	1. 铺装层 10% 以内的表面有纵横裂缝、浅坑槽、波浪； 2. 防水层基本完好；泄水管堵塞，周围渗水； 3. 伸缩缝局部破损； 4. 桥头轻度跳车，台背路面下沉在 2cm 以内	1. 铺装层 10% ~20% 的表面有严重的龟裂、深坑槽、波浪； 2. 桥面板接缝处防水层断裂渗水，泄水管破损、脱落； 3. 伸缩缝普遍缺损； 4. 桥头跳车明显，台背路面下沉 2 ~5cm	1. 铺装层 20% 以上表面有严重的破坏，桥面普遍坑洼不平、积水； 2. 防水层老化失效，普遍断裂、渗水、泄水管脱落，泄水孔堵塞； 3. 伸缩缝严重破损、失效，难以修补； 4. 桥头跳车严重，台背路面下沉大于 5cm	

续上表

项目	一　类	二　类	三　类	四　类	五　类
调治构造物	1.构造设置合理,功能正常; 2.构造物完好	1.构造功能基本正常; 2.构造物局部断裂,砌体松动、变形	1.构造本身抗洪能力不足,基础局部冲蚀; 2.构造物20%以内出现下沉、倾斜、局部坍塌	1.构造本身抗洪能力太低,基础冲蚀严重; 2.构造物20%以上被破坏,部分丧失功能或功能下降	
翼(耳)墙、锥(护)坡	1.翼(耳)墙完好无损,清洁; 2.锥(护)坡完好,无垃圾堆积,无草木滋生; 3.桥头排水沟和行人台阶完好	1.翼(耳)墙出现个别裂缝,缝宽小于限值,局部剥落,砌体灰缝脱落,面积在10%以内; 2.锥(护)坡局部塌陷,铺砌缺损,垃圾堆积,草木丛生; 3.桥头排水沟堵塞不畅通,行人台阶局部塌落	1.翼墙断裂与桥台前墙脱开,但无明显外倾、下沉,砌体灰缝脱落、局部松动外鼓,面积小于20%; 2.锥(护)坡出现大面积塌陷,铺砌缺损,形成冲沟或积水坑,坡脚有局部冲蚀; 3.桥头排水沟和行人台阶损坏,功能降低	1.翼墙断裂、下沉、外倾失稳,砌体变形,部分严重倒塌; 2.锥(护)坡体和坡脚冲蚀严重,有滑移、坍塌,坡顶下降较大,作用明显减小; 3.桥头排水沟和行人台阶全部损坏,几乎消失	
照明标志附属设施	完好无缺,布置合理	照明灯泡坏,灯柱锈蚀,标志不正、脱落,附属设施基本完好	灯柱歪斜不正,灯具损坏,标志倾斜损坏,附属设施需保养维修	照明线老化破断或短路,灯柱、灯具残缺不齐,标志损失严重,附属设施需维修与更换	

1.桥梁各部件技术状况的评定方法

(1)根据缺损程度(大小、多少或轻重)、缺损对结构使用功能的影响程度(无、小、大)和缺损发展变化状况(趋向稳定、发展缓慢、发展较快)等三个方面,以累加评分方法对各部件缺损状况作出等级评定。评定方法如表2-6所示。

桥梁部件缺损状况评定方法　　表2-6

缺损状况及标度		组合评定标度	
缺损程度及标度		程度	小→大 少→多 轻度→严重
		标度	0　1　2
缺损对结构使用功能的影响程度	无、不重要	0	0　1　2
	小、次要	+1	1　2　3
	大、重要	+2	2　3　4
以上两项评定组合标度			0　1　2　3　4
缺损发展变化状况的修正	趋向稳定	-1	0　1　2　3
	发展缓慢	0	1　2　3　4
	发展较快	+1	1　2　3　4　5
最终评定结果			0　1　2　3　4　5
桥梁技术状况及分类			完好一类　良好　较好二类　较差三类　差的四类　危险五类

注:①“0”表示完好状态,或表示没有设置的构造部件。当缺损程度标度为“0”时,不再进行叠加。

②“5”表示危险状态,或表示原未设置,而调查表明需要补设的部件。

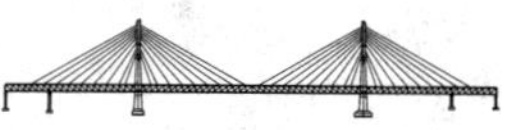

(2)重要部件(如墩台与基础、上部承重构件、支座)以其中缺损最严重的构件评分,其他部件,根据多数构件缺损状况评分。

(3)推荐的各部件权重如表2-7所示,各地区可也根据当地的环境条件和养护要求,采用专家评估法修订各部件的权重。

推荐的桥梁各部件权重及综合评定方法　　表2-7

<table>
<tr><th>部　件</th><th>部件名称</th><th>权重 W_i</th><th>桥梁技术状况评定方法</th></tr>
<tr><td>1</td><td>翼墙、耳墙</td><td>1</td><td rowspan="17">(1)综合评定采用下列计算式:
$$D_r = 100 - \sum_{i=1}^{n} R_i W_i / 5$$
式中:R_i——按表2-6方法对各部件的确定的评定标度(0~5);
W_i——各部件权重,$\Sigma W_i = 100$;
D_r——全桥结构技术状况评分(0~100);评分高表示结构状况好,缺损少。
(2)评定分类采用下列界限:
$D_r \geq 88$　一类
$88 > D_r \geq 60$　二类
$60 > D_r \geq 40$　三类
$40 > D_r$　四类、五类
$D_r \geq 60$ 的桥梁,并不排除其中有评定标度 $R_i \geq 3$ 的部件,仍有维修的需要</td></tr>
<tr><td>2</td><td>锥坡、护坡</td><td>1</td></tr>
<tr><td>3</td><td>桥台及基础</td><td>23</td></tr>
<tr><td>4</td><td>桥墩及基础</td><td>24</td></tr>
<tr><td>5</td><td>地基冲刷</td><td>8</td></tr>
<tr><td>6</td><td>支座</td><td>3</td></tr>
<tr><td>7</td><td>上部主要承重构件</td><td>20</td></tr>
<tr><td>8</td><td>上部一般承重构件</td><td>5</td></tr>
<tr><td>9</td><td>桥面铺装</td><td>1</td></tr>
<tr><td>10</td><td>桥头与路堤连接部</td><td>3</td></tr>
<tr><td>11</td><td>伸缩缝</td><td>3</td></tr>
<tr><td>12</td><td>人行道</td><td>1</td></tr>
<tr><td>13</td><td>栏杆、护栏</td><td>1</td></tr>
<tr><td>14</td><td>灯具、标志</td><td>1</td></tr>
<tr><td>15</td><td>排水设施</td><td>1</td></tr>
<tr><td>16</td><td>调治构造物</td><td>3</td></tr>
<tr><td>17</td><td>其他</td><td>1</td></tr>
</table>

2. 桥梁技术状况评定

评定等级分为一类、二类、三类、四类、五类。桥梁总体及部件技术状况评定标准见表2-5。

3. 裂缝的最大限值规定

梁、拱、墩台裂缝的最大限值规定如表2-8所示。裂缝超过表列数值时应进行修补或加固,以保持结构的耐久性。

裂缝限值　　表2-8

<table>
<tr><th>结构类型</th><th>裂缝种类</th><th>允许最大缝宽(mm)</th><th>其他要求</th></tr>
<tr><td rowspan="5">钢筋混凝土梁</td><td>主筋附近竖向裂缝</td><td>0.25</td><td></td></tr>
<tr><td>腹板斜向裂缝</td><td>0.30</td><td></td></tr>
<tr><td>组合梁结合面</td><td>0.50</td><td>不允许贯通结合面</td></tr>
<tr><td>横隔板与梁体端部</td><td>0.30</td><td></td></tr>
<tr><td>支座垫石</td><td>0.50</td><td></td></tr>
</table>

续上表

<table>
<tr><th>结构类型</th><th colspan="3">裂缝种类</th><th>允许最大缝宽(mm)</th><th>其他要求</th></tr>
<tr><td rowspan="2">预应力混凝土梁</td><td colspan="3">梁体竖向裂缝</td><td>不允许</td><td></td></tr>
<tr><td colspan="3">梁体纵向裂缝</td><td>0.20</td><td></td></tr>
<tr><td rowspan="3">砖石混凝土拱</td><td colspan="3">拱圈横向</td><td>0.30</td><td>裂缝高度小于截面高度的一半</td></tr>
<tr><td colspan="3">拱圈纵向</td><td>0.50</td><td>裂缝长度小于跨径的1/8</td></tr>
<tr><td colspan="3">拱波与拱肋结合处</td><td>0.20</td><td></td></tr>
<tr><td rowspan="7">墩台</td><td colspan="3">墩台帽</td><td>0.30</td><td rowspan="7">不允许贯通墩身截面的一半</td></tr>
<tr><td rowspan="5">墩台身</td><td rowspan="2">经常受浸蚀性水影响</td><td>有筋</td><td>0.20</td></tr>
<tr><td>无筋</td><td>0.30</td></tr>
<tr><td rowspan="2">常年有水,但无浸蚀性水影响</td><td>有筋</td><td>0.25</td></tr>
<tr><td>无筋</td><td>0.35</td></tr>
<tr><td colspan="2">干沟或季节性有水河流</td><td>0.40</td></tr>
<tr><td colspan="3">有冻结作用部分</td><td>0.20</td></tr>
</table>

注:表中所列除特指外适用于一般条件。对于潮湿环境和空气中含有较强腐蚀性气体条件下的缝宽限制,应比表列更严格。预应力混凝土梁指全预应力或部分预应力A类构件。

三、适应性评定

适应性评定是对桥梁的承载能力、通行能力、抗洪能力应周期性地进行评定。评定周期一般为3~6年。评定工作可与桥梁的定期检查、特殊检查结合进行。

承载能力、通行能力的评定一般采用现行荷载标准及交通量,也可考虑使用期预测交通量。承载能力、通行能力评定方法见《公路旧桥承载力评定规程》。

【知识链接】

抗洪能力评定的具体要求见《公路桥涵养护规范》(JTG H11—2004)中的桥梁灾害防治与抢修的内容。

1. 防洪能力评定

(1)桥梁抗洪能力评定一般每3~6年进行一次。如遇设计洪水或超过设计的更大洪水,宜结合水毁调查,于当年进行一次抗洪能力评定。对经常受洪水威胁的山区公路桥梁宜每年进行一次抗洪能力评定。

(2)根据桥长及孔径大小、桥(孔)位置、桥下净空、基础埋深、墩台病害等情况,将公路桥梁的抗洪能力划分为强、可、弱、差四个等级。现场检查与测量后,按公路桥梁原来的技术等级进行检算评定。其评定标准见表2-9。

桥涵抗洪能力评定标准　　表2-9

等级	评定标准
强	(1)孔径大小:桥下实际过水面积满足设计要求,桥下净空高度、最小净跨符合规定; (2)孔、涵位置合适,调治构造物设置合理、齐全,河床稳定; (3)基础埋深足够,基底埋深安全值满足要求;浅基础已做防护,防护周边的冲刷深度小于设计冲刷深度; (4)墩台无明显溃蚀、剥落

续上表

等　级	评 定 标 准
可	(1)孔径大小:桥下实际过水面积满足设计排水面积要求,上部结构底高程与计算水位相同,或净跨偏小但不超过规定值的10%; (2)孔、涵位置略有偏置,设置了调治构造物,其基础冲刷深度线在基底最小埋深安全值的30%以内,或调治构造物有局部缺损,河床基本稳定无大的不利变形; (3)深基础冲刷深度线在规定的基底最小埋深安全值的30%以内;浅基础防护周边冲刷深度线在规定的基底最小埋深安全值的30%以内,防护有局部缺损; (4)墩台有冲蚀、剥落,面积小于10%,深度小于20mm
弱	(1)孔径大小:桥下实际过水面积小于设计排水面积的20%以内,上部结构底面高程与计算水位相同,或净跨径小于规定10%~20%; (2)孔、涵位有偏置,调治构造物不齐全或有较大损坏,河床发生严重的不利变形; (3)深基础冲刷深度线在规定的基底最小埋深安全值的30%~60%以内;浅基础防护周边冲刷深度线在规定的基底最小埋深安全值的30%~60%以内,或防护体损坏明显; (4)墩台冲蚀、剥落,面积超过10%,有露筋及钢筋锈蚀
差	(1)孔径大小:桥下实际过水面积小于设计排水面积的20%以上,上部结构底高程低于计算水位,或净跨小于规定值20%以上; (2)孔、涵位置偏置,无必要的调治构造物; (3)深基础冲刷深度线在规定的基底最小埋深安全值的60%以上;浅基础未做防护,冲空面积在20%以上; (4)墩台冲蚀、剥落严重,桩有缩颈,墩台砌体松动、脱落或变形

2.水文观测

应在汛期进行必要的水文观测,掌握洪水动态,并与当地气象、水文部门取得密切联系,及时收集洪水、雨水预报资料,或向沿河居民进行调查,了解洪水的发生情况、到达时间等,以判断对公路桥的危害程度。

3.桥梁维修加固方案的制定依据

将防洪能力评定及水文观测资料作为制定桥梁维修加固方案的依据。当桥涵抗洪能力评定为"强"时,进行正常养护;当桥涵抗洪能力评定为"可"时,除正常养护外,应加强汛期病害观测,采取必要的技术措施,防止病害扩大;当桥涵抗洪能力评定为"弱"或"差"时,桥涵应对照现行《公路技术状况评定标准》(JTG H20—2007)(见表2-5)确定其技术类别并采取相应的技术措施。

四、养护对策

(1)针对桥梁的技术状况评定结果,应采取相应的养护对策。

一类桥梁进行正常保养。

二类桥梁需要进行小修。

三类桥梁需进行中修,酌情进行交通管制。

四类桥梁需进行大修或改造,及时进行交通管制,如限载、限速通过,当缺损较严重时应关闭交通。

五类桥梁需进行改建或重建,及时关闭交通。

(2)对适应性不能满足的桥梁,应采取提高承载能力、加宽、加长、基础防护等改造措施。若整个路段有多座桥梁的适应性不能满足,应结合路线改造进行方案比较和决策。

(3)公路旧桥、线路整体评定分为使用价值评定、承载能力评定、通行能力评定、泄洪能力评定。

第三章　桥梁上部结构养护

桥梁上部结构的养护主要包括桥面系养护、钢筋混凝土梁桥养护与加固、预应力混凝土梁桥的养护与加固、拱桥的养护与加固、钢桥的养护与加固、斜拉桥的养护与加固、悬索桥(吊桥)的养护与加固和桥梁支座养护技术等,下面分别讲述。

第一节　桥面系养护

本节主要介绍桥面铺装的养护,排水系统的养护,人行道、栏杆、护栏、防撞墙的养护,伸缩缝的养护,桥头搭板的养护,标志、标线、交通安全设施的养护等内容。

模块一　桥 面 铺 装

桥面铺装层常见病害及原因;
桥面铺装的养护维修;
桥面铺装层加固方法。

一、桥面铺装层的常见缺陷及原因

桥面铺装层直接承受车轮荷载作用,经受车轮对它的撞击、磨耗,所以铺装层易发生各种病害。

1. 沥青类铺装层常见病害及成因

(1)裂缝　是由沥青混合料抗剪强度低,黏结力差所致,也有部分裂缝为桥面反射裂缝,其形式有纵缝、横缝或网裂、龟裂,如图3-1所示。

①横向裂缝产生的原因,由温度收缩应力导致铺装层横桥向开裂或支座顶面受负弯矩的影响,加之车辆荷载的冲击作用,导致铺装层啃边,当铺装层薄弱且没有足够的纵向钢筋承受冲击荷载时,就会产生横向裂缝,在车辆荷载重复作用下横向裂缝发展成为横向开裂。

②纵向开裂产生的原因,主梁(板)自身抗弯刚度较大,竖向位移较小,桥梁的横向刚度较小,板间横向传力靠铰缝和铺装层共同传递。板缝间的铺装层受弯剪作用,以抗剪为主。在多次重复荷载作用下,沿板缝间纵向开裂,当桥梁超载运营时,主梁(板)挠度加大,更加剧了桥面铺装的纵向开裂。桥面纵向开裂的危害在于极大地削弱了桥梁的横向刚度,使得荷载分布不均匀,导致桥梁整体承载能力严重下降。

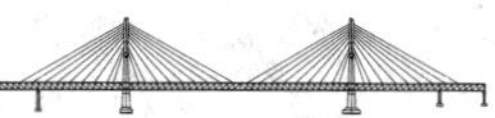

(2)松散　是由行驶车辆的反复作用,使得铺装层表面的细集料慢慢松散、脱离,表面出现锯齿式的粗糙状态,主要是由其面层材料不良所致,如石料抗磨耗性能不好,石料与沥青的黏附力不良,沥青混合料碾压不足或油石比少。

图 3-1　网裂

(3)车辙　是铺装层的各层材料在汽车荷载重复作用下进一步压实,沥青层中材料的侧向位移而形成的永久变形。尤其是热稳定性差的面层材料的侧向位移现象严重,车辙也更明显。

(4)壅包　是桥面沥青混凝土动稳定性不足,抗剪强度低,在车载作用下,引起了桥面无确定面的剪切变形;沥青铺装层与混凝土层黏结强度不足,或下层混凝土强度低,施工振捣不均匀,表面存在浮浆,在车辆荷载作用下,沿黏结层发生滑动变形;水分下渗,特别是冬季洒盐除雪,盐水下渗,加之在车辆荷载的反复作用下,造成防水混凝土腐蚀、剥落,形成水包,挤压变形形成壅包。

(5)铺装层坑槽　是由于壅包破裂,以及裂缝特别是不规则的裂缝位置唧浆、破碎所致。沥青混合料水损害是形成桥面坑槽的重要原因。

(6)泛油　是由于沥青用量过多,骨料级配不良,以及沥青材料软化点太低所致。桥面出现泛油后,车轮过桥时粘轮,下雨时易于打滑,使行驶安全度降低。

(7)跳车　主要是在桥跨结构物的连接部位,由于结构物与填土部位之间的不均匀沉陷或结构物接头不平,使过桥车辆产生跳车。

2. 普通水泥混凝土铺装层的病害

(1)裂缝　是因施工质量不好、温度变化以及桥面板或梁结构产生过大弯曲应力所致。裂缝形式有网裂、纵横裂缝等,如图 3-2 所示。

(2)磨光　是铺装层的石料抗磨耗性能差,被行驶的车辆磨耗,形成平滑的状态。

(3)露骨　是由于施工时没有一次成型,或者由于产生裂缝后在车辆冲击力的作用下,表层产生局部破损石料裸露。

(4)跳车　与前述沥青铺装层产生的原因相同。

a)横缝

b)纵缝

图 3-2 裂缝

二、桥面铺装层的养护与维修

1. 桥面铺装层的养护

(1)桥面经常清扫,保持桥面清洁;桥面在雨后积水及时通过泄水管口排除,不要积存;冬天结冰或在下雪后,应及时清除桥面上的冻块或积雪;严禁在桥面上堆积杂物或占为晒场等。

(2)沥青混合料桥面出现泛油、壅包、裂缝、波浪、坑槽、车辙等病害时,应及时处治。当损坏面积较小时,可局部修补;损坏面积较大时,可将整跨铺装层凿除,重铺新的铺装层。一般不应在原桥面上直接加铺,以免增加桥梁荷载。

(3)水泥混凝土桥面出现断裂、拱胀、错台、起皮、露骨等病害时,应及时处理。损坏面积较大时,应将原铺装整块或整跨凿除,重铺新的铺装层。

2. 水泥混凝土桥面铺装层病害通常的维修方法

(1)原结构凿补。将原水泥混凝土铺装层的表面凿毛,并尽可能深一些,使骨料露出,用清水冲洗干净并充分湿润,再涂刷上同强度等级的水泥砂浆(或其他黏结材料),最后铺筑一层 4 ~ 5cm 厚(在桥梁荷载能力容许的前提下)的水泥混凝土铺装,如图 3-3 所示。

(2)改建路面。采用黑色路面修补桥面铺装。修补材料可采用沥青表面处治或沥青细砂罩面,也可加铺一层 2 ~ 3cm 的沥青混凝土,并注意施工前应涂刷黏层沥青,使新旧面层结合良好。

(3)重做铺装层。桥面铺装层如已损坏严重可采用全部凿除重筑铺装层的方法修补,新铺的面层可采用普通水泥混凝土、钢纤维混凝土、聚合物水泥混凝土、钢纤维聚合物水泥混凝土等材料,如图 3-4 所示。

(4)桥面防水层如有损坏,应及时修复。

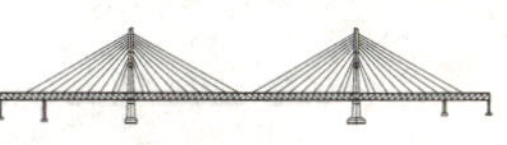

a)局部凿补

b)切割处理

c)涂刷砂浆

图 3-3　原结构凿补

图 3-4　重做铺装层

三、桥面铺装层加固(补强层加固法)

(1)采用桥面补强层加固法时,需将原桥面铺装全部凿除或凿毛,然后加铺一定厚度的补强层,以增大主梁有效高度及改善桥梁荷载横向分布能力,从而达到提高单梁承载能力或桥梁结构整体承载能力的目的。

(2)该加固方法实施的前提是原主梁具有足够的配筋率且桥梁结构处于良好的工作状态。

(3)采用此法时先将原有桥面铺装层凿除并冲洗干净,在梁顶部每隔一定间距设置柱状剪力键,以增加新加桥面铺装层和主梁的连接能力和抵抗水平剪力,当采用此法进行加固时,可以不再重做桥面铺装,仅在表面加铺沥青磨耗面层即可。

(4)该方法的缺点在于凿除或凿毛桥面铺装时一般无法采用机械化施工手段,因此,用工量较大,工期较长,并有可能对原结构(如主梁等)造成一定的损伤,因此,该方法一般是结合桥梁的整体加固同时进行,在较小跨径的梁板式桥中比较适用。

如图 3-5 所示。

a)主梁顶面增加剪力键

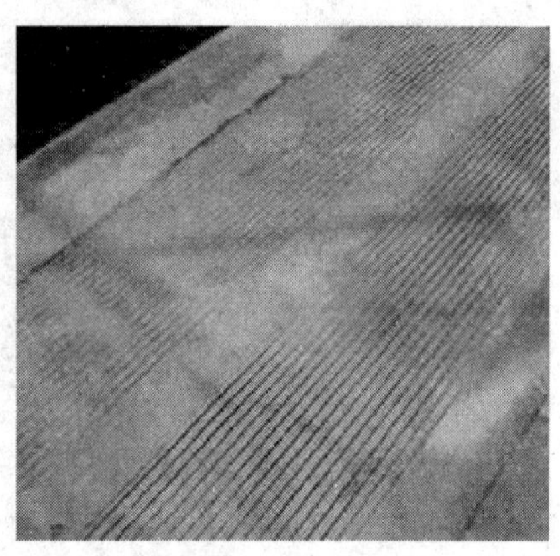
b)新增加桥面铺装层

图 3-5 桥面铺装补强加固改造

模块二 排 水 系 统

知识点

桥面排水设施缺陷;

桥面排水设施的养护维修。

一、桥面排水设施的常见缺陷

桥面排水设施主要有泄水管道(图 3-6)和排水槽两种,常见的缺陷有如下几种。

(1)泄水管道破坏损伤(图 3-7)。在外界作用影响下而产生局部破裂、损伤,出现洞穴而产生漏水等。

(2)管体脱落。主要由于接头连接不牢而产生脱落,失去排水作用(图 3-8)。

(3)泄水管堵塞。管内有泥石杂物堵塞(图 3-9),从而排水不畅,甚至水流不通。

(4)管口有泥石物堆积。

(5)排水槽有堆泥、堵塞、水流不畅、槽口破裂损坏,从而出现漏水、积水等。

a)泄水管

b)泄水孔

c)泄水孔侧面图

图 3-6　排水设施

图 3-7　泄水管道破坏

图 3-8　泄水管管体脱落

图 3-9　泄水管堵塞

二、桥面排水设施的养护维修

桥面排水设施出现缺陷会导致桥面积水，易引起车辆滑移，这也是造成交通事故的原因。严重时，积水还会渗入混凝土结构缝隙，锈蚀钢筋，损坏桥梁结构的安全；或雨水由伸缩缝直接进入支座，使支座锈蚀或橡胶老化，造成支座的功能性恶化。

对桥面排水系统的维修养护，主要要做到以下几点。

(1)桥面的泄水管、排水槽如有堵塞，应及时疏通，并经常保持畅通。缘石的横向泄水孔道，不够长的要加以接长，避免桥面流水沿梁侧流泄。

(2)桥面应保持大于1.5%的横坡，以利于桥面排水。

(3)桥梁上设置的封闭式排水系统，应保持各排水管道畅通，排水系统的设备(如水泵等)应工作正常，若有堵塞应及时疏通，若有损坏则应及时更换。

(4)泄水管损坏要及时修补，接头不牢，已掉落的要重新安装接上，损坏严重的要予以更换。

(5)排水槽已破裂的要重新修理，长度不足时应予以接长。当槽口太小，不能满足排水需要时要扩大槽口重新修筑。

模块三　人行道、栏杆、护栏、防撞墙

知识点

人行道、栏杆、护栏、防撞墙的常见损伤；

人行道、栏杆、护栏、防撞墙维修要点。

一、人行道、栏杆、护栏、防撞墙的常见缺陷和损伤

(1)撞坏。多数是在交通事故中因车辆冲撞所致，也有的是车辆运输超宽物件时将之不慎碰坏等。

(2)缺损。缺乏养护管理，被人偷拆，或者金属栏杆遭到锈蚀，腐烂破坏，造成个别部件缺损。

(3)裂缝。钢筋混凝土栏杆长期外露，混凝土表面常因水分浸入使钢筋锈胀，从而使构件的混凝土保护层出现损坏、剥离、脱落等现象。

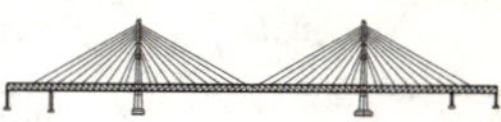

(4)变形过大。金属栏杆或护栏的部分虽未造成破坏或缺损,但变形过大,如立柱局部变形或钢质波形板变形过大等。

(5)锈蚀。金属栏杆或护栏,一旦油漆脱落又长期未重新涂刷,将会受到自然环境对金属的侵蚀。

二、人行道、栏杆、护栏、防撞墙的养护维修

栏杆是桥梁上部结构的组成部分,是桥上的安全防护设施,也是桥梁美化的一种艺术装饰。栏杆损坏使桥上交通缺少安全感,同时也有损美观,降低了交通的安全、舒适水平。

(1)人行道块件应牢固、完整,桥面路缘石应经常保持完好状态。若出现松动、缺损应及时进行修整或更换。

(2)桥梁栏杆应经常保持完好状态。栏杆柱竖立正直,扶手应无损坏、断裂,伸缩缝处水平杆件能自由伸缩,有缺损时,应及时补齐。如采用的临时防护措施应牢固、醒目,使用时间不得超过三个月。

(3)钢筋混凝土栏杆如发现有裂缝或剥落,轻者可灌注环氧树脂砂浆,严重者应凿除损坏部分,重新修补完整。

(4)钢质栏杆应涂漆防锈,一般每年一次。

(5)护栏、防撞墙应牢固可靠,若有损坏应及时修理或更换。钢护栏与钢筋混凝土护栏上的外露钢构件应定期涂漆防锈,一般每年一次。

(6)桥梁两端的栏杆柱或防撞墙端面,涂以立面标记或警示标志的,应定期涂刷,一般每年一次,使油漆颜色保持鲜明。

模块四　伸缩缝装置

桥面伸缩装置的常见缺陷;
桥面伸缩装置的养护维修。

一、桥面伸缩装置的常见缺陷及原因

桥面伸缩缝装置由于设置在梁端构造薄弱部位,直接承受车辆反复荷载作用,又多暴露于大自然中,受到各种自然因素的影响,因此,可以说伸缩缝装置是易损坏、难修补的部位,经常发生各种不同程度的缺陷。

1. 伸缩缝装置的常见缺陷

(1)锌铁皮伸缩缝装置(图3-10)常见的缺陷:软性防水材料如沥青砂或聚氯乙烯胶泥等老化、脱落;伸缩缝凹槽填入其他硬物,不能自由变形;锌铁皮上压填的铺装层,如水泥混凝土或沥青混凝土等断裂、剥离;伸缩缝上后铺压填部分发生沉陷,高低不平;由于墩台下沉,出现异常的伸缩,车辆行驶时

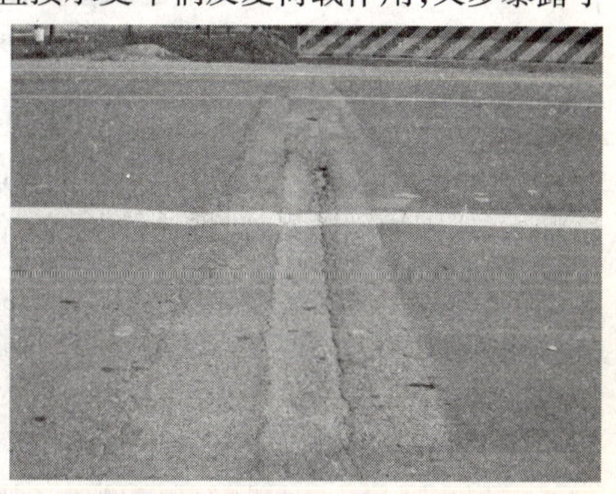

图3-10　锌铁皮伸缩缝装置

出现冲击及噪声。

(2)钢板伸缩缝或锯齿钢板伸缩缝装置(图 3-11)常见的缺陷:角钢与钢筋混凝土锚固不牢导致的钢板松动,车辆行驶时的冲击振动更加速它的破损;缝内落入石块或杂物导致的伸缩缝接头活动异常,使其不能自由变形;排水管发生破坏损伤或被土砂堵塞;表面钢板焊接部位破坏损伤;锯齿(梳形)钢板伸缩缝隙在梳齿与承托板的焊接处出现裂缝,严重者出现剪断现象。

a)安装前

b)安装后

c)锯齿钢板伸缩缝装置安装后

图 3-11　钢板伸缩缝装置

(3)橡胶伸缩缝装置(图 3-12)常见的缺陷:橡胶条破坏损伤;橡胶条剥离;橡胶条连接部位漏水;锚固构件破损、锚螺栓松脱;伸缩缝构造部位下陷或凸出;车辆行驶时不适,发出噪声。

2. 伸缩缝装置缺陷产生的原因

(1)外界因素。交通量和重型车辆的不断增多,使车辆对桥面的冲击作用也明显变大,由此可能使设计、施工上本有的小缺陷成为伸缩缝装置产生破坏的原因。

(2)设计方面的原因。桥面板刚度不足,车辆荷载作用下,因翼板较薄,横向联系较弱,导致桥面板变形过大;伸缩缝锚固件置于桥面铺装层中,与主梁(板)连接的部分少,在车辆荷载

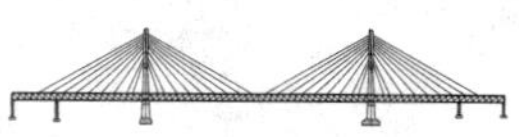

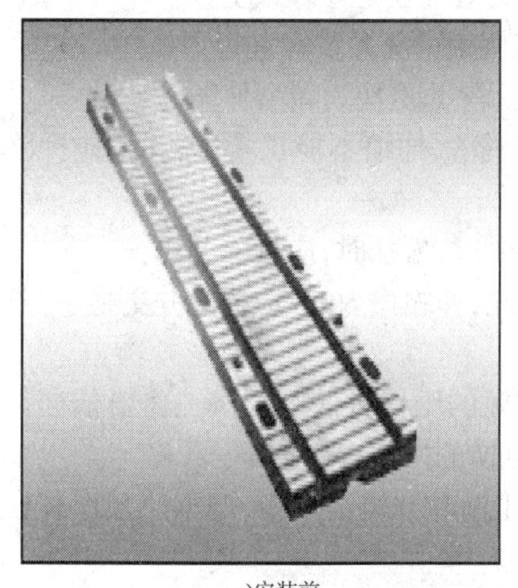

a)安装前

b) 安装后

c)安装后

图 3-12　橡胶伸缩缝装置

作用下造成开焊、脱落，且力的分布不易传递，微小变形可能演变成大的位移，导致混凝土黏结力失效；伸缩量计算不准确，没有考虑实际温度对伸缩装置的影响；未对伸缩装置两侧的后浇混凝土和铺装层材料的选择、配合比、密实度和强度提出严格要求或规定等。

(3)施工方面的原因。伸缩装置未能严格按照施工工艺标准和安装工序进行施工；锚固件焊接只注意表面，忽视内部质量标准要求；后浇混凝土不密实，达不到设计强度要求，时常出现蜂窝、空洞，难以承受车辆荷载的强烈冲击；伸缩装置两侧的后浇水泥混凝土和沥青混凝土铺装层结合不好，形成两层皮，容易产生开裂、脱落，最终引起伸缩装置的破坏。

二、桥面伸缩装置的养护维修

1. 桥面伸缩装置的养护

(1)桥面伸缩缝要经常养护，如清除碎石、泥土杂物；拧紧螺栓，并加油保护；修补个别损坏部分等,使其发挥正常作用。伸缩缝如有损坏或功能失效要及时修理或更换。

(2)早期使用的下列几种伸缩缝装置应经常检查其使用情况并及时进行更换。

①U 形锌铁皮伸缩缝的锌铁皮老化、开裂、断裂,应拆除并更换为新型伸缩缝。

②钢板伸缩缝或锯齿钢板伸缩缝的钢板变形、螺栓脱落,伸缩不能正常进行时,应拆除并更换。

③橡胶条伸缩缝,如有损坏和老化、脱落,固定角钢变形、松动时,应拆除并更换。

④板式橡胶伸缩缝的橡胶板老化开裂、预埋螺栓松脱,伸缩失效时,应拆除并更换。

2. 桥面伸缩装置的维修

桥面伸缩缝维修前应查明损坏的原因,采用行之有效的维修方法。维修工作要依据伸缩缝缺陷的程度,进行部分修补、部分以至全部更换。其更换的操作程序如下:

(1)将伸缩缝两边各宽 40cm 范围内的铺装层混凝土凿除并清洗干净,调整原预埋螺栓锚筋及露出的桥面钢筋。

(2)如为新装橡胶伸缩缝,应凿挖或钻成埋置螺栓用的锚筋孔,并预先埋好锚筋。锚筋必须埋设牢固,尽可能直接焊接在桥面钢筋上,并在孔内灌注环氧树脂浆胶,使其不易拔出。

(3)预埋的螺栓,必须位置正确、牢固。

(4)安装橡胶板伸缩缝,使橡胶板平整、坚实。

(5)按原式浇筑铺装层混凝土。为维持通车,可分半幅桥面进行,也可在伸缩缝上架设跨缝设施。

模块五　桥 头 搭 板

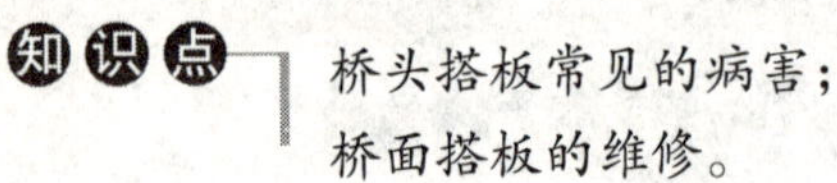

桥头搭板常见的病害;
桥面搭板的维修。

桥头搭板是设置在桥头两侧,为解决桥头跳车所设置的钢筋混凝土板,它一端与桥台相连,一端与路基相连。搭板的长度应按设计要求设置,宽度一般与路基同宽。由于桥台一般是混凝土或砌石,刚度较大,而桥台后侧填料的刚度一般比混凝土的刚度要小,造成变形不一致,从而产生桥台跳车现象。因此在施工时,桥头搭板应设置一个纵坡 i_2(若路线纵坡为 i_1,则搭板纵坡应符合 $10\% \leqslant i_2 - i_1 \leqslant 15\%$ 的要求),以保证在台后长度方向上沉降分布均匀,并逐渐减小。搭板一端顶面应与路基顶面平齐,另一端顶面应留有路面面层的厚度。

桥头搭板在车辆荷载的反复作用下以及受到水等自然因素的影响下,很容易形成脱空、断裂等病害,当遇到此种情况或枕梁下沉引起桥路连接不顺适,出现桥头跳车时,应对其进行维修处理。如桥头搭板脱空,则应取出搭板后首先进行清理基坑,使其尺寸符合要求,接着对下面填土进行逐层压实,每层压实厚度不应大于 20cm,如压路机使用困难时可用小型手推式电动打夯机夯实,严格控制压实度,然后重新安置桥头搭板;如桥头搭板断裂,应将其拆除重新修建,如图 3-13 所示。

a)搭板拆除

b)分层夯实

c)绑扎钢筋

d)浇灌混凝土

图 3-13　桥头搭板

模块六　标志、标线、交通安全设施

知识点

桥上交通标志的养护要点；
桥上标线的养护要点；
桥上安全设施养护要点。

桥梁标志、标线、交通安全设施的设置应注意以下事项。

(1)桥上的交通标志应齐全、醒目、牢固，标志板应保持整洁、无裂纹和残缺，若有损坏应及时整修(图 3-14)。

(2)交通标线应经常保持完好、清晰，定期进行标线重涂(图 3-15)。

(3)桥上的防眩板应保持齐全、整洁，若有损坏应及时整修(图 3-16)。

(4)桥上的防护隔离设施应完整、牢固，若有损坏应及时整修(图 3-17)。

(5)桥上设置的航空灯、航道灯及供电线路、通信线路必须保持完好状态，如有损坏应立即修复。避雷装置要经常保持完好，接地电阻要符合要求，接地线附近禁止堆放物品，禁止挖取接地线的覆土。

图 3-14　交通标志

图 3-15　交通标线

图 3-16　防眩板

图 3-17　防护隔离设施

第二节　钢筋混凝土梁桥养护与加固

梁桥桥跨结构是桥梁的主要承重结构，除直接承受车辆荷载的作用外，还长期暴露在自然界中，因此，当桥跨结构出现缺陷时，其势必会随这些因素影响而扩大、加深、发展，危及桥梁的安全。当发现桥跨结构出现缺陷后，必须及时对其进行调查研究，分析缺陷的产生原因、现状、发展趋势，以及桥梁遭受破坏的程度，及时采取措施进行养护、维修加固。

模块一　日常养护与维修

知识点

钢筋混凝土梁桥日常养护维修内容；
钢筋混凝土梁桥常见病害；
病害的处理方法。

1. 钢筋混凝土梁桥的日常养护维修

内容包括：清除表面污垢；修补混凝土空洞、破损、剥落、表面风化以及裂缝；清除暴露钢筋

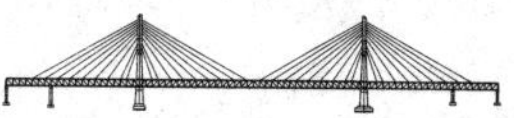

的锈渍、恢复保护层;处理各种横、纵向构件的开裂、开焊和锈蚀。

2. 钢筋混凝土梁桥常见病害及采用的处理方法

(1)对梁(板)体混凝土的空洞、蜂窝、麻面、表面风化、剥落等病害,应先将松散部分清除,再用高强度等级混凝土、水泥砂浆或其他材料进行修补。新补的混凝土要密实,与原结构应结合牢固、表面平整。新补的混凝土必须实行养生。

(2)梁体若发现露筋或保护层剥落,应先将松动的保护层凿去,并清除钢筋锈迹,然后再对保护层进行修复。如损坏面积不大可用环氧砂浆修补,如损坏面积过大可用喷射高强度等级水泥砂浆的方法修补。

(3)梁(板)体的横、纵向连接件开裂、断裂、开焊,可采取更换、补焊、帮焊等措施修补。

(4)钢筋混凝土梁桥的裂缝处理:当裂缝的宽度大于限值及裂缝分布超出正常范围时,应做处理。钢筋混凝土梁的裂缝最大限值见表 2-8。当裂缝宽度在限值范围内时,可进行封闭处理,一般涂刷环氧树脂胶;当裂缝宽度大于限值规定时,应采用压力灌浆法灌注环氧树脂胶或其他灌缝材料;当裂缝发展严重时,应加强观测,查明原因,按照相应规定进行加固处理。以下介绍对裂缝及时进行修补的具体方法。

①喷涂法:适用于宽度小于 0.3mm 的表层裂缝修补;表面喷涂材料可选用环氧树脂类、聚酯树脂类、聚氨酯类、改性沥青类等涂料。

②粘贴法:分表面粘贴法和开槽粘贴法两种,前者适用于宽度小于 0.3mm 的表层裂缝修补,后者适用于宽度大于 0.3mm 的表层裂缝修补;粘贴材料可选用橡胶片材、聚氯乙烯片材等。

③充填法:适用于缝宽大于 0.3mm 的表层裂缝修补;充填材料应根据裂缝的类型进行选择,对死缝可选用水泥砂浆、聚合物水泥砂浆、树脂砂浆等,对活缝应选用弹性树脂砂浆和和弹性嵌缝材料等。

④灌浆法:适用于深层裂缝和贯穿裂缝的修补;灌浆材料应根据裂缝的类型选择,死缝可选用水泥浆材、环氧浆材、高强水溶性聚氨酯浆材等,活缝可选用弹性聚氨酯浆材等。

(5)当钢筋混凝土、预应力混凝土梁式桥主梁或拱桥的挠度超过规定的允许值(见表 3-1)并有严重发展趋势时,应查明原因,经设计计算进行加固或更换构件。

桥梁允许挠度值表 表 3-1

桥梁结构类型		最大允许挠度值
钢筋混凝土桥及预应力混凝土桥	梁式桥,梁跨中	$\frac{1}{600}L$
	梁式桥,梁悬臂端	$\frac{1}{300}L_1$
	拱、桁架桥	$\frac{1}{800}L$
混凝土、砖、石拱桥和双曲拱桥		$\frac{1}{1000}L$

注:L 为桥跨的计算跨径;L_1 为梁桥悬臂端长度。

3. 空气、雨水、河水中含有对混凝土和钢筋有侵蚀的化学成分时,应对桥梁结构进行防护。

4. 钢筋混凝土构件的修补

(1)在昼夜平均气温低于 5°C 的冬季进行桥梁维修时,应对修补的混凝土构件采取保温措施,以保证混凝土的凝固硬化。

(2)用于修补加固的混凝土、钢材,其强度和其他质量指标应不低于原桥材料。修补用的混凝土强度等级应比原桥混凝土强度等级提高一级,在 pH 值小于 5.6 的地区,所用水泥应根据环境特点采用耐酸的硅酸盐水泥、抗铝硅酸盐水泥等。

(3)受拉区修补用的混凝土宜用环氧树脂配制,受压区修补用的混凝土可用膨胀水泥配制。用水泥混凝土或砂浆修补的构件应加强养生,有条件时宜用蒸汽养生或封闭养生。

模块二　主梁加固方法

知识点

桥面铺装层常见缺陷及原因;
桥面铺装的养护维修;
桥面铺装层加固方法。

一、增加构件截面和配筋加固法

增大截面与配筋加固法是通过增大构件截面面积或配筋率以提高钢筋混凝土梁承载能力的加固方法。增大截面法和增加钢筋加固这两种方法通常同时使用,一般用于梁底面或侧面以加大尺寸、增配主筋,提高主梁截面的有效高度,从而达到提高桥梁承载能力的目的。该法的优点是能在桥下施工,不影响交通,加固工作量不大,而且加固的效果也较为显著,一般多用于梁板桥的加固。如图 3-18 所示,其加固程序如下。

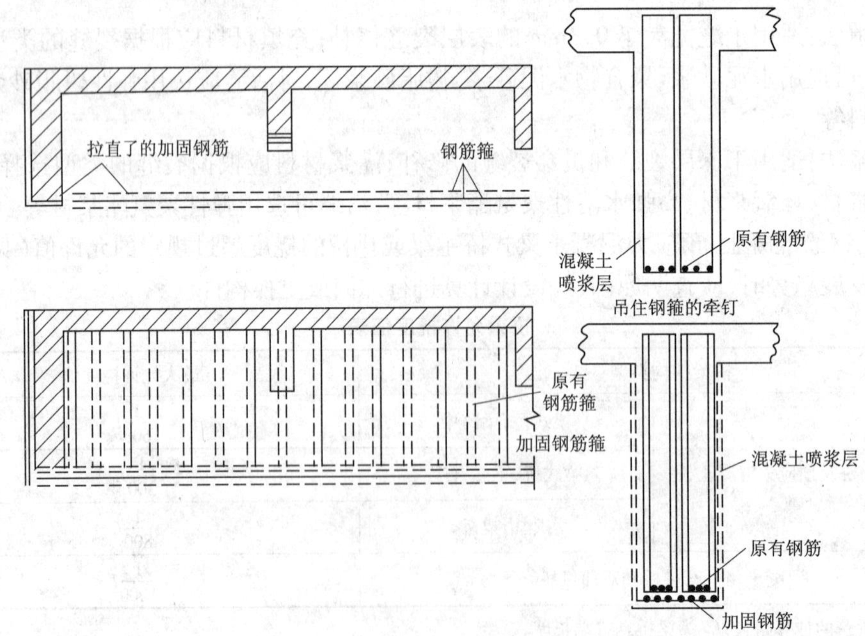

图 3-18　加固程序图

(1)将梁下面的混凝土保护层凿去,露出主筋,如图 3-19 所示,并将原箍筋切断拉直。

(2)在暴露的原有主钢筋上缠上或焊上需要补充的拉力钢筋。补强钢筋的尺寸和数量应按强度计算确定。

(3)恢复箍筋,即将原箍筋接长,焊接成形。如计算箍筋不足,应增设箍筋,新增箍筋上端埋入桥面板中,梁腹上增设销钉固定新增箍筋位置。

(4)浇筑混凝土保护层。材料可采用环氧树脂混凝土或膨胀水泥混凝土。

(5)养生。

图3-19　凿去保护层露出主筋

二、粘贴钢板加固法

当桥梁出现承载力不足,构件出现严重的裂缝时,可采用黏结剂及锚栓,将钢板粘贴锚固在混凝土结构受拉边缘,使其与结构形成整体,以达到提高梁的承载能力及正常使用状态下抗裂的作用。

粘贴钢板加固法(图3-20)是采用化学粘贴剂(一般采用环氧树脂浆液作为黏结剂)将钢板粘贴在梁(板)的受拉区或抗剪薄弱部位,使之与结构物形成整体,与被加固结构物形成整体共同受力。这种方法也是采用较为普遍的方法,目的在于弥补原结构构件的强度不足,提高构件的抗弯、抗剪能力,提高原结构的刚度,限制裂缝的开展,改善钢筋与混凝土的应力状态。图3-21a)所示为粘贴在梁底上的钢板,可以显著提高原梁的刚度和正截面抗弯承载力。图3-21b)所示粘贴在梁侧面上的钢板,宜与主拉应力轨迹一致,以限制裂缝的开展,提高梁的斜

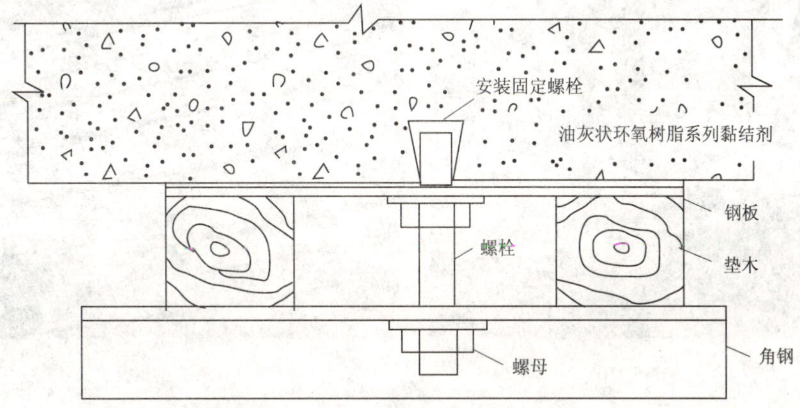

图3-20　粘贴钢板加固法

截面抗剪承载力。后加钢板与被加固混凝土梁体之间的可靠黏结是两者共同工作的基础，是粘贴钢板加固法的关键技术。

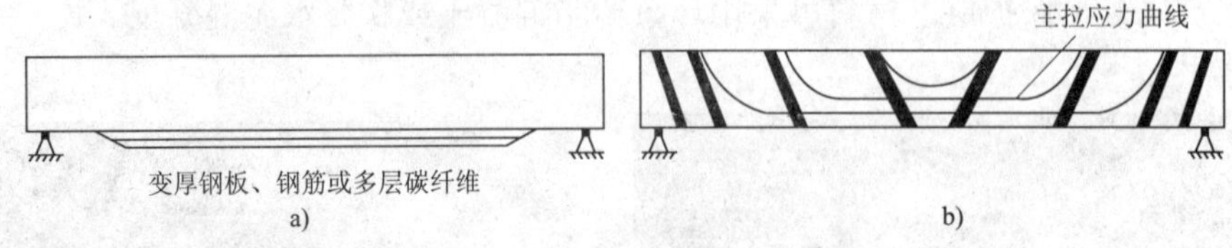

图 3-21　钢筋混凝土梁的粘贴加固

粘贴钢板加固法的施工程序为：

(1)将梁(板)底面混凝土凿毛，使骨料露出，并清除破碎部分和浮尘。

(2)钢板(规格宜薄而宽，厚度一般以 4.5 ~ 6.0mm 为宜)除锈要彻底，粘贴面尽量打磨粗糙。

(3)应尽可能选择质量较好的粘贴胶，配置环氧胶泥时，材料称量要准确。

(4)粘贴时粘贴胶要饱满，一般在混凝土表面及钢板表面分别涂刷一层均匀的环氧砂浆薄层，合计层厚约 2mm，然后加压密贴并使之固定。

(5)粘贴前在混凝土上放样钻孔(先在混凝土粘贴面上用冲击钻成孔，钻孔可采用梅花形布置)并安装锚固螺栓(兼作固定件和压紧件，螺栓直径常用 $\phi 8 \sim \phi 12$mm)，要求埋设牢固，具有可靠的抗拔力，以保证粘贴钢板时有效的加压，同时还可以帮助钢板克服剪切，有助于提高粘贴的耐久作用。

(6)在钢板和混凝土粘贴面上用刮刀均匀涂刷配制好的环氧树脂打底层，然后再用刮刀在钢板上均匀涂刷配制好的环氧树脂黏结剂；粘贴钢板后迅速拧紧螺母。用稠度较高的环氧树脂水泥砂浆填塞钢板与混凝土表面之间的缝隙及封住螺母。

(7)粘贴完成后，应对钢板及被加固构件部位进行有效的防腐和外观处理，即可先清除钢板外面污物和锈蚀，涂一层树脂薄浆，再涂两层防锈漆。

该方法具有施工简单、技术可靠、短期加固效果较好且工艺成熟等优点，如图 3-22 所示为采用该技术进行桥梁加固的实例。

a)钢板打眼

b)打眼后的钢板

图　3-22

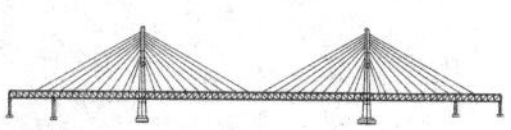

c)横向联系打孔

d)横向联系粘贴钢板加固

e)横向联系粘贴钢板加固

f)横向联系粘贴钢板加固

g)主箱梁腹板粘贴钢板加固

图　3-22

h)盖梁粘贴钢板加固

i)盖梁粘贴钢板加固

j)拱脚粘贴钢板加固

k)横向联系加固完成后

图 3-22　粘贴钢板法加固桥梁实例图

三、粘贴碳纤维、特种玻璃纤维加固法

用于加固混凝土结构的纤维材料目前主要有三种：特种玻璃纤维（GFRP）、碳纤维（CFRP）和芳纶纤维（AFRP），其中最常用的是碳纤维。由于碳纤维材料具有高强、轻质、耐腐蚀、耐疲劳等优良的物理、力学性能，以及现场施工便捷，因此，是旧桥加固补强的理想材料。目前常用的碳纤维片材有碳纤维薄板和碳纤维布。

碳纤维加固法是采用粘贴胶与纤维类材料形成复合材料加固桥梁，如图 3-23 所示。下面

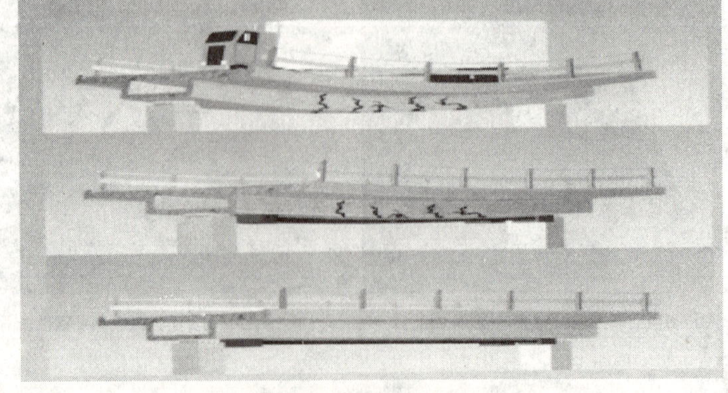

图 3-23　碳纤维加固法

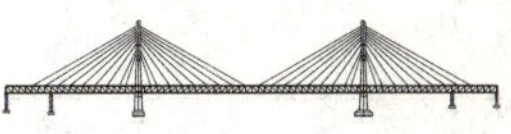

介绍粘贴碳纤维加固法和玻璃纤维加固法。

1. 粘贴碳纤维加固法

碳纤维增强塑料（简称 CFRP）是一种性能优良的混凝土结构加固材料，它具有强度高、密度小、耐腐蚀、抗疲劳等优点。该技术是将碳纤维这种高性能纤维应用于土木工程，利用树脂类材料把碳纤维片材或板材粘贴于混凝土结构或构件表面，形成复合材料体，通过与结构或构件的协同工作，达到对结构构件补强加固及改善受力性能的目的。对钢筋混凝土桥而言，粘贴碳纤维片加固技术主要解决两类问题：一是因桥梁使用功能改变需提高荷载等级而导致原结构承载能力不足；二是因桥梁设计标准低或超载车辆过多以及受力构件钢筋锈蚀导致的原结构破损。图 3-24 为采用该技术进行桥梁加固的实例。

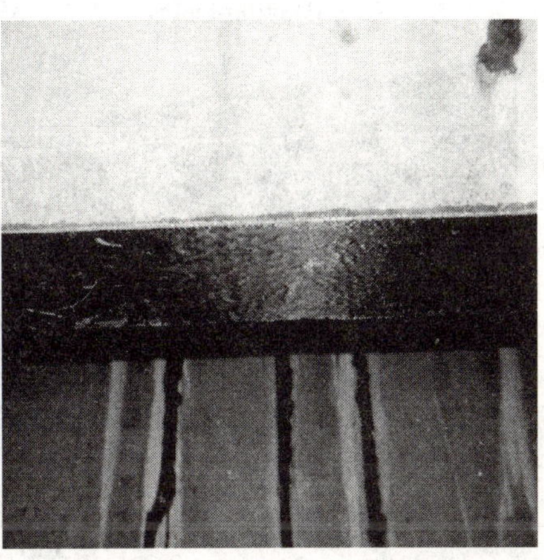

图 3-24　粘贴碳纤维加固

2. 玻璃纤维加固法

玻璃纤维是一种性能优异的无机非金属材料，它是以天然矿石为原料，经过对各原料成分的科学计算和合理配比后，进行粉磨均化高温熔制、拉丝、络纱、织布等工序最后形成各类产品，它主要应用于桥梁裂缝的封闭及其他各种缺损的修补。图 3-25 为采用该技术进行桥梁加固的实例。

3. 碳纤维加固法使用注意事项

使用碳纤维加固法时必须注意以下事项：

（1）由于碳纤维强度较高，在提高结构受弯承载能力的同时还会影响受弯结构的破坏形态，由塑性破坏变为脆性破坏，同时影响结构的延性。碳纤维材料应根据构件相应极限状态时所达到的应变，按线弹性应力—应变关系确定其极限状态时的应力。

（2）由于碳纤维强度较高，进行受弯加固的构件，尚应验算构件的抗剪承载力，避免因受弯承载力提高过大而导致受剪破坏先于受弯破坏。

（3）对不同断面形式，碳纤维材料有不同的经济性，应发挥其高强作用。该法适用于截面中心轴较高的断面，如 T 梁等。

（4）能大幅提高结构的极限抗弯承载能力，但对正常使用极限状态基本不能发挥作用。对裂缝能起封闭作用，但不能有效地限制裂缝的发展。

a)主梁粘贴玻璃丝布加固

盖梁玻璃纤维加固

b)盖梁玻璃纤维加固

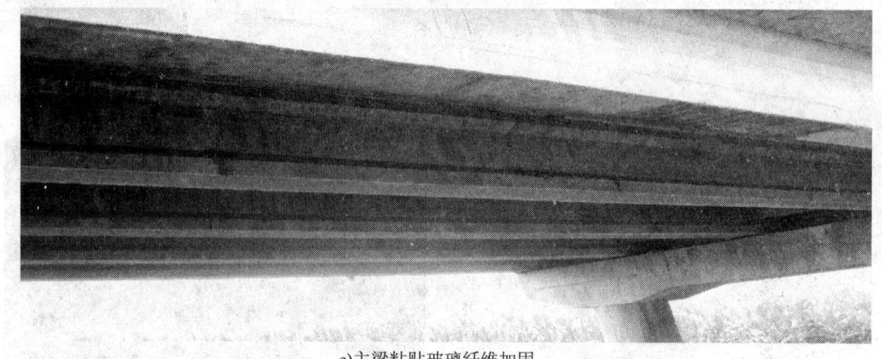

c)主梁粘贴玻璃纤维加固

图 3-25　加固实例图

四、体外预应力加固法

体外预应力加固法是采用预应力原理，在增设的构件或原有构件中，对梁的受拉区或受剪区施加一定的初始应力，以抵消部分自重应力，减少在活载作用下的应力增量，尽量避免梁上出现裂缝，提高结构的耐久性的一种加固方法。预应力施加的方法有横向收紧张拉法、纵向张拉法和有黏结预应力加固体系（SRAP 加固法）等。

1. 横向收紧张拉法

横向收紧张拉法的基本原理是将作为拉杆的粗钢筋分两层布置在梁肋底面两侧，在靠近梁端适当位置向上弯起，与固定在梁端的钢制 U 形锚固板焊接。粗钢筋弯起处用短柱支撑，纵向每隔一定间距设一道撑棍和锁紧螺栓。通过收紧器将拉杆横向收紧而使拉杆受拉，从而在梁体产生预压应力，如图 3-26 所示。

横向收紧张拉法的具体施工程序如下：

（1）粘贴锚固钢板。将梁端混凝土保护层凿除，使主筋外露，清除碎渣浮尘后用环氧砂浆粘贴 U 形锚固钢板。

（2）焊接拉杆粗钢筋。先将粗钢筋的弯起段按设计斜度焊在锚固板上，然后用夹杆将粗钢筋的水平段与弯起段焊在一起。

（3）安装张拉装置。先放好弯起点垫块撑棍，再安设中间撑棍及锁紧螺栓，紧贴锁紧螺栓处安放收紧器。

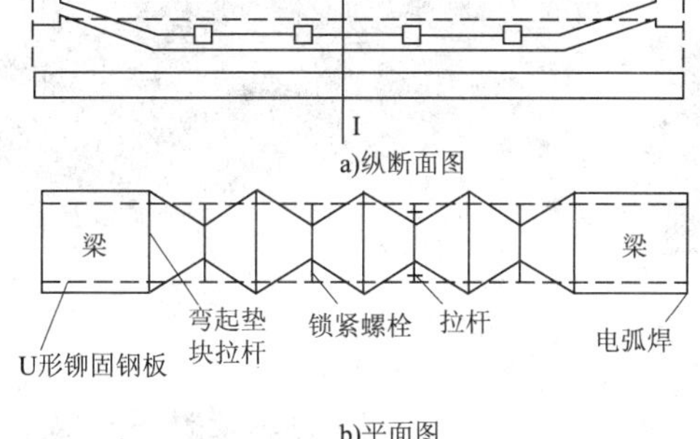

图 3-26　横向收紧张拉法

(4)预张拉。预张拉的目的在于检查拉杆的焊接质量,预张拉力按设计张拉力的 80% ~ 90% 控制,预张拉保持 12h 后卸除。

(5)张拉。旋紧收紧器,使两侧拉杆向中间收拢,按设计收紧量对称地分次收紧。达到设计收紧量后再收紧 1 ~2mm,然后拧紧锁紧螺栓,并用双螺母锁住。最后卸除收紧器。各段拉杆横向收紧的距离按设计预应力值计算出拉杆总变形值确定,并通过几何关系计算出具体的数值。

(6)防护处理。拉杆粗钢筋及 U 形锚固板均需涂以防护涂料以防锈蚀。

2. 纵向张拉加固法

纵向张拉加固法是既布置有水平拉力箱杆,也布置有下撑式拉杆的一种加固方法,如图 3-27 所示。纵向张拉法在施加的预应力数值较小时可采用螺栓、丝杆、花篮螺栓等简易拉紧器进行张拉。在施加的预应力较大时,可采用手拉葫芦、千斤顶张拉或电热张拉法。

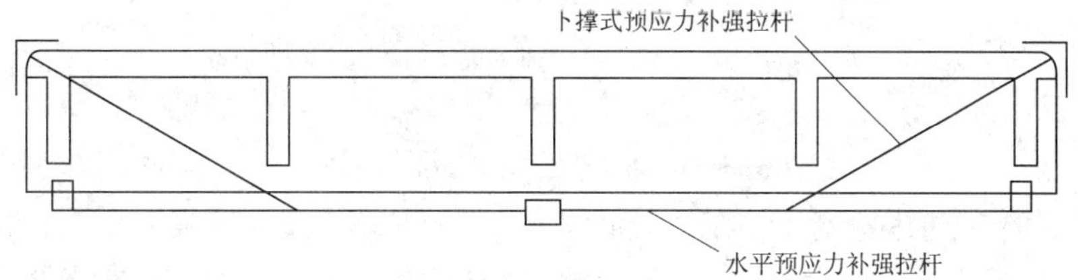

图 3-27　纵向张拉加固法

其施工工艺具体如下:

(1)对 T 形梁凿开梁端桥面铺装,对于箱形梁应在底板预做出锚固块和转向块。

(2)钻孔。在锚固槽内沿梁腹板侧壁方向按设计斜度钻两个平行的孔。

(3)粘贴梁端锚固垫板和梁底的短柱支座垫板。

(4)安装张拉钢筋。拉杆分水平段及弯起的锚固段两部分,各拉杆的松紧度应调整一致。

(5)张拉。每片梁上的拉杆或同组预应力钢筋应保持均衡张拉。

(6)封锚。用防水砂浆或环氧砂浆填入锚固槽封锚。

(7)防护处理。

采用该技术进行桥梁加固的实例,如图 3-28 所示。

a)全貌图

b)侧面图

c)侧面图

d)从下向上看

e)从下向上看

图 3-28　体外预应力加固桥梁实例图

3. 有黏结预应力加固体系(SRAP 加固法)

它类似体外预应力的加固技术,是采用锚固于被加固梁体上的高强钢丝,2～3 股钢绞线或小直径高强度粗钢筋,对梁体施加预加力,然后喷注具有较高抗拉强度的复合砂浆,将预应力筋与被加固梁体黏结为一体,构成有黏结预应力加固体系,该方法一定程度上弥补了体外预应力方法预应力外露防腐方面的不足。SRAP 加固法是韩国 M&S 工业株式会社的专利技术,它是采用镀锌软钢丝束(简称 SR 加固材料)对混凝土梁体施加预应力,采用多功能氧化铝聚糖树脂砂浆(简称 AP 树脂砂浆)对混凝土架构进行修补的综合加固技术。它可算作体外预应力加固方法的一种,镀锌软钢丝束靠锚固于混凝土梁体上的角钢固定,采用螺旋扣环拉紧器进行张拉。为了增强镀锌软钢丝束与修补砂浆的黏着力,在软钢丝束上缠绕弹簧线圈。在软钢丝束张拉后,由于预加力的作用,使梁体反向弯曲,在混凝土中产生预压应力。然后,喷注 AP 树脂砂浆,将预应力钢筋与梁体混凝土连为一体,两者共同工作,使结构的承载能力提高,工作性能改善。它采用的氧化铝聚糖树脂砂浆是一种强度高、密实性好、抗腐蚀性能强的多功能复

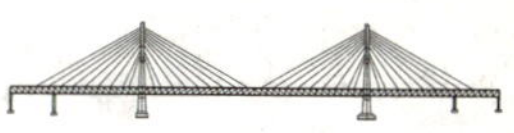

合砂浆。如图 3-29 所示。

a)张拉镀锌软钢丝

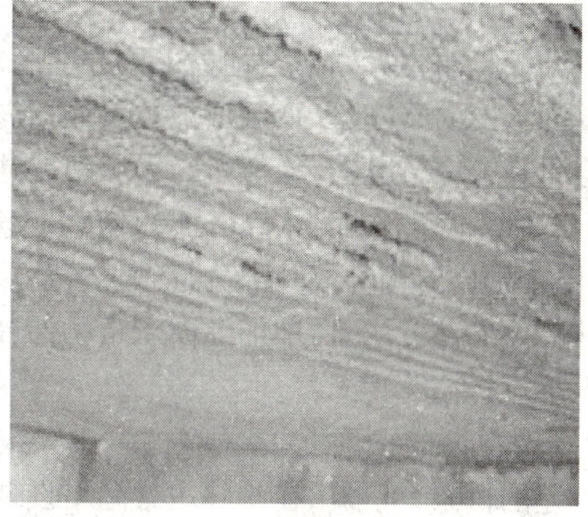
b)喷射AP树脂砂浆后

图 3-29　SRAP 加固法加固桥板

五、改变结构受力体系加固法

改变结构受力体系加固法是通过改变桥梁结构受力体系以达到提高结构整体承载能力的目的，是一种变被动为主动的加固方法。由于这种方法大部分要在桥下操作或设置永久设施，而影响桥下净空，故一般在不影响通航及桥梁排洪能力的情况下使用此法。

如图 3-30 所示，简支变连续加固法，它是将多跨简支梁的梁端连接起来，变为多跨连续梁，以改善结构的受力状况，提高桥梁的承载能力。采用该技术进行桥梁加固的实例，如图 3-31所示，因像“八”字，因此也称为桥梁八字撑加固法。

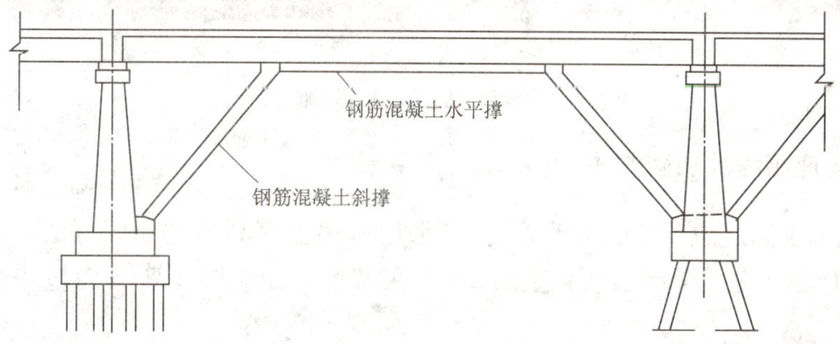

图 3-30　梁下加八字撑加固

图 3-31　八字撑加固桥梁实例图

六、增设主梁或横向连接加固法

当桥梁结构基本完好而其承载能力不能满足要求、需要提高荷载等级以及需要改善桥梁的横向受力状态时,一般可采用增加主梁或横向连接的方法。其原理是,新增构件后,桥梁中的荷载会重新分布,使原有构件所受荷载得以减少。它包括的主要措施如下:

(1)增加纵向承重构件,新增加的构件一般设置在原有桥梁的两侧,当必须在中间增设时,可拆除个别原有构件或其部分,形成空位,然后再在空位上安装强度和刚度都比原有构件大的新构件。而注意的是,增加纵向承重构件,应在墩台地基安全性能好,并具有足够承载能力的情况下进行。

(2)增设(加强)横向连接,对于无内横梁或少内横梁的T形截面、工字形截面梁式桥或横向整体性差的桥梁,可采用在相邻主梁间增设现浇混凝土横梁或钢横梁的方法来提高横向抗弯刚度。图3-32为采用该技术进行桥梁加固的(采用增设工字形钢横梁加强其横向连接)实例。

a)加固前

b)增设钢横梁后

图3-32　增设型钢加强横向连接加固实例图

七、调整支座高程的加固方法

当支座设置不当造成梁体受力恶化时,可采用调整支座高程的加固方法。该方法比较简单,如图3-33所示,先用千斤顶顶起主梁,然后在盖梁上面调整支座下面垫块的高度使支座高程符合设计要求。

图3-33　顶升梁板调整支座

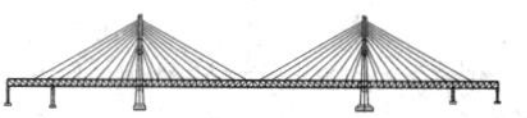

八、更换主梁(板)加固法

当主梁(板)破坏严重,不能或没必要进行修复时,且桥梁下部结构完好时,可采用更换主梁(板)的方法进行加固,如图3-34所示。

a)梁板拆除

b)梁板拆除

c)梁板拆除后

d)梁板拆除后

e)梁(板)的吊装

f)梁(板)的吊装

图3-34　更换主梁(板)

对于T梁,有时肋梁质量仍然很好,但翼缘板(或现场湿接缝)的质量存在隐患,可只更换湿接缝部分或翼缘板,如图3-35所示。

a)湿接缝的拆除

b)安装翼缘板钢筋

c)安装板内钢筋

d)安装桥面铺装层的钢筋

图3-35 更换湿接缝或翼缘板

第三节 预应力混凝土梁桥的养护与加固

知识点

预应力混凝土梁桥的日常养护与维修要点；
预应力混凝土梁桥的加固方法。

模块一 日常养护与维修

(1)预应力混凝土梁桥日常养护维修范围及内容同钢筋混凝土梁桥,另外应对预应力锚固区的破损及开裂、沿预应力钢束纵向的开裂进行修补。

(2)预应力混凝土梁桥常见如下几种病害:

①混凝土表面剥落、渗水,梁角破碎、露筋,局部破损等。

②预应力钢束应力损失造成的病害。

③预应力混凝土梁出现裂缝。全预应力及部分预应力A类构件正常使用条件下不允许出现裂缝,只有B类构件允许出现裂缝。裂缝的类型除了同于钢筋混凝土梁桥外,还有沿预

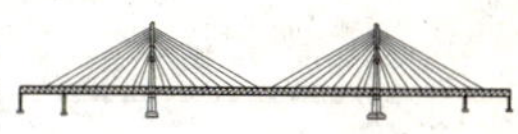

应力钢束的纵向裂缝,锚固区局部承压的劈裂缝。

(3)常见病害的维修同钢筋混凝土梁桥。对于不允许出现裂缝的桥梁,不论裂缝宽窄,都应查明原因进行处理或加固。

模块二　预应力混凝土梁桥的加固方法

(1)预应力混凝土梁桥的一般加固方法及适用范围参见钢筋混凝土梁桥的加固方法。

(2)因为预应力部分失效而进行加固时,若原结构有预留孔,可在预留孔内穿钢束进行张拉;采用无黏结钢束的,可对原钢束重新张拉;或增设齿板,增加体外束进行张拉。

(3)腹板抗剪切强度不够时,可采用加竖向预应力加固。

第四节　拱桥的养护与加固

拱桥的日常养护与维修;
熟悉拱桥的各种加固方法。

模块一　日常养护与维修

(1)保证圬工表面的清洁、完整,并预防表面的风化。

(2)保证排水设备的完整和处于完好状态。

(3)圬工拱桥的维修工作:主要是修理拱圈和拱上结构砌体的个别损坏部分,如灰缝的脱落、裂缝、局部变形等,以防止缺陷的进一步扩大,恢复损伤结构的整体作用。常用的维修方法有如下三种。

①修理防水层。圬工拱桥为防止渗漏,均宜设防水层。如发现原桥没有防水层或防水层损坏失效时,可挖开拱上填料重铺防水层,或在桥面上加铺沥青混合料或水泥混凝土路面,防止水渗漏入圬工砌体内。

②保护面层不受风化。圬工拱桥应注意灰缝的保养,如有面层脱落或缝内长草,应及时清除并修补好;如砖、石有风化剥落,可喷一层1~3cm的10号以上的水泥砂浆,喷浆应分2~3层喷注,每隔1~2日喷一层。必要时可加布一层钢丝网,以增加喷涂层的强度。

③修补裂缝。圬工拱桥一经开裂,裂缝往往容易发展,危及桥梁的使用和安全,所以须及时修补。修补主要采用压注水泥砂浆和其他化学浆液的方法。

模块二　拱桥加固方法

一、加大拱圈截面加固

(一)从拱腹面加固时的方法

1. 粘贴钢板

主拱肋粘贴钢板,如图3-36所示。

(1)将梁(板)底面混凝土凿毛,使骨料露出,并清除破碎部分和浮尘。

(2)应尽可能选择质量较好的粘贴胶。配置环氧胶泥时,材料称量要准确。

(3)粘贴前在混凝土上放样钻孔并安装锚固螺栓(兼作固定件和压紧件,螺栓直径常用$\phi8 \sim \phi12$mm)。

(4)粘贴钢板后迅速拧紧螺母。用稠度较高的环氧树脂水泥砂浆填塞钢板与混凝土表面之间的缝隙及封住螺母。

(5)粘贴完成后,应对钢板及被加固构件部位进行有效的防腐和外观处理。

a)凿毛

b)打眼

c)安放膨胀螺栓

d)放好膨胀螺栓

e)粘贴好钢板

f)拧紧螺母

图 3-36

g)外观处理

h)完成加固后

图 3-36　粘贴钢板加固

2. 浇筑钢筋混凝土

此法是通过采用钢筋和混凝土外包加大原拱肋，从而达到扩大拱肋的截面尺寸，增加拱肋断面的含筋率或变无筋拱肋为有筋拱肋，提高拱肋的抗弯刚度的一种加固方法，如图 3-37 所示。该法作用明确，效果显著，应用较广泛。

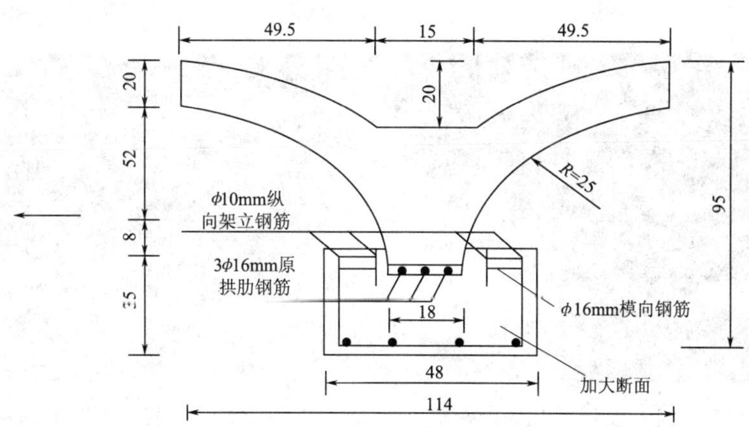

图 3-37　扩大拱肋截面加固法（尺寸单位：cm）

3. 布设钢筋网用喷射混凝土或水泥砂浆

在桥梁加固中，该技术常用于提高加固桥梁的强度、刚度以及因支点截面尺寸偏小而导致的抗剪强度不足等混凝土梁的加固维修。它的主要工艺如下：

（1）打毛并清洗被加固构件的表面。

（2）按设计要求在构件上安设锚固钢筋。

（3）挂设补强钢筋网。钢筋周围应有足够的间隙，以便喷射混凝土能完全包裹钢筋。注意应将钢筋网牢固的绑扎或点焊在锚固筋上，以免喷射混凝土时位置发生偏移。

（4）喷射混凝土时，喷嘴与受喷面的最佳距离一般为 0.8～1.5m，喷嘴应尽量与受喷面垂直，以增加混凝土的密实度，当对配有钢筋网的受喷面喷射时，喷嘴应尽可能靠近受喷面并应与垂直方向稍偏离一个小角度，以便获得较好的握裹效果，同时便于排除回弹物。

（5）表面整修，受喷面自然平整，对结构强度和耐久性都有好处。一般在喷射混凝土初凝后(15～20min)用刮刀将设计线以外的多余材料刮掉,然后再喷或抹一层砂浆。

(6)喷射混凝土的养生在混凝土终凝两小时后采用洒水或喷洒混凝土养生剂进行,确保混凝土强度形成并避免表面开裂。

(7)喷射混凝土的抗压强度可采用喷射在450mm×350mm×120mm的模型内,当混凝土达到一定强度,用切割机锯掉周边,加工成100mm×100mm×100mm的试件,在标准条件下养护28d,所测得的抗压强度乘以0.95的尺寸换算系数得到;喷射混凝土与旧混凝土的黏结强度为0.7～2.85MPa,界面的抗拉强度为1.47～3.49MPa,如图3-38所示。

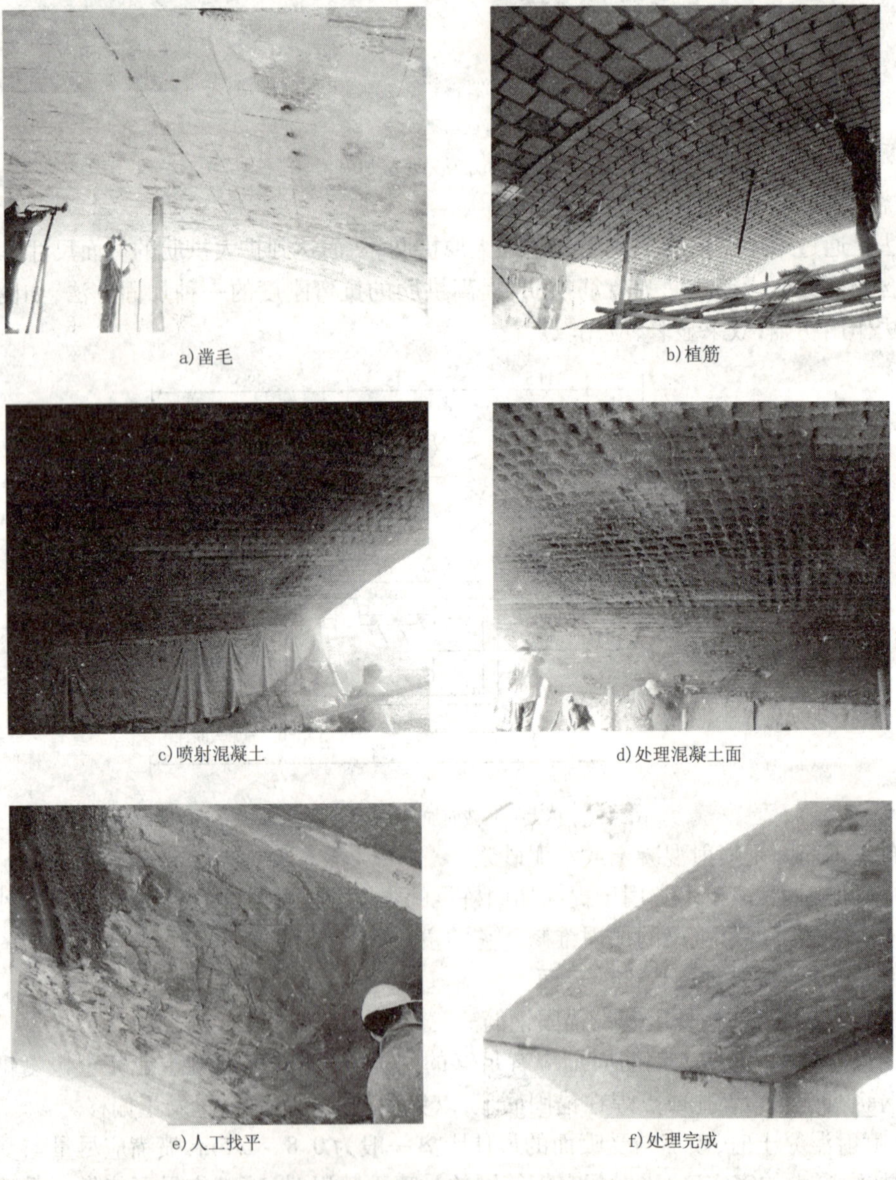

a)凿毛

b)植筋

c)喷射混凝土

d)处理混凝土面

e)人工找平

f)处理完成

图3-38 布设钢筋网用喷射混凝土或水泥砂浆加大拱圈截面

4. 在拱肋间加底板,变双曲拱截面为箱形截面

在拱肋间加底板，变双曲拱截面为箱形截面，如图 3-39 所示。

a）改变前

b）改变后

图 3-39　双曲拱截面变为箱形截面

5. 在腹面做衬拱及相应的下部结构

在桥下净空容许，或根据水文资料，桥下泄水面积容许缩小时，可在原有拱圈下部增设拱圈，即紧贴原拱圈下面，喷射钢丝网水泥拱圈，如图 3-38 所示；或浇筑钢筋混凝土拱圈，如图 3-40所示。如图 3-41 所示为采用该技术进行桥梁加固的实例。

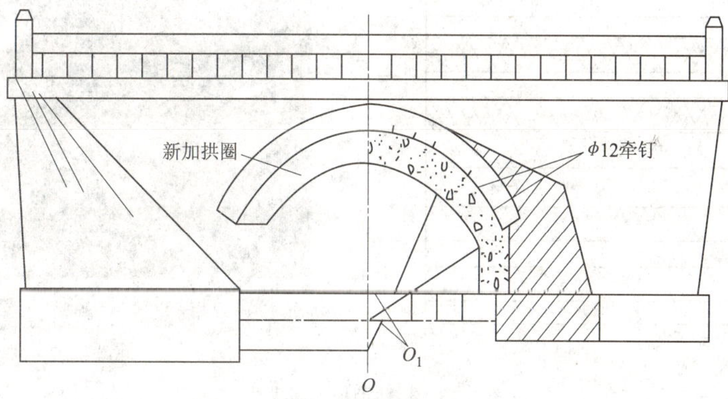

图 3-40　原拱圈下增设拱圈加固法

图 3-41　增加新拱圈加固实例图

（二）拱背面加固

从拱背面加固时，可在拱脚区段的空腹段背面加大拱圈截面；或可拆除拱上建筑，在全拱圈背面加大截面。

从拱圈上面加一层新拱圈，操作顺序为：挖开原拱顶填土层直到拱背→洗净修补好→凿毛→加筑新拱圈，如图3-42所示。在加厚拱圈时，应同时考虑墩台受力是否安全可靠等因素。当多孔石拱桥需全部加设新拱圈时，必须对称地同时进行拱上填料的拆除。

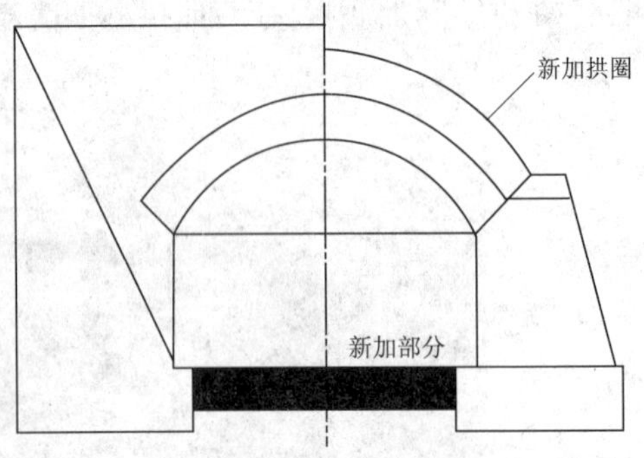

图3-42　原拱上增设钢筋混凝土拱圈加固法

二、拱肋、拱上立柱、纵横梁、桁架拱、刚架拱的杆件损坏加固

拱肋、拱上立柱、纵横梁、桁架拱、刚架拱的杆件损坏可用粘贴钢或复合纤维片材加固。粘贴时可粘贴钢板，也可在四角处粘贴角钢，如图3-43所示。

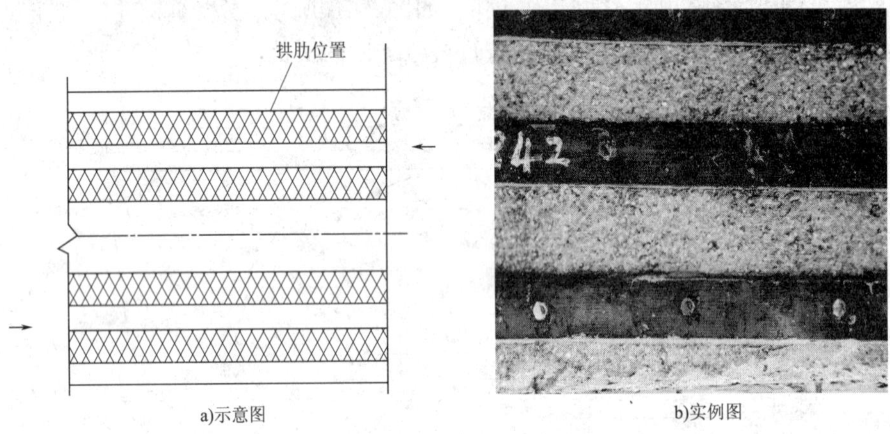

a)示意图　b)实例图

图3-43　粘贴钢板加固拱肋法

三、桁架拱、刚架拱及拱上框架的节点加固

桁架拱、刚架拱及拱上框架的节点加固可用粘钢板或复合纤维片材的方法，如图3-44所示。

a)拱脚处理前　b)拱脚处理前

图　3-44

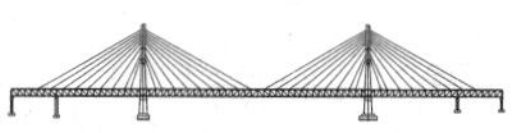

c)打孔

d)节点钢板加固

e)拱脚处粘贴钢板

f)刚架拱粘贴钢板

g)处理后

h)加固完成后

图 3-44　桁架拱、刚架拱及拱上框架的节点加固

四、拱圈的环向连接加固

拱圈的环向连接加固一般可用嵌入剪力键的方法进行加固。剪力键一般采用钢板或铸件，按一定间隔布置，其间的裂缝用环氧砂浆等处理，如图 3-45 所示。

图 3-45　拱圈嵌入剪力键

五、拱肋之间的横向连接加固

该法是采用加大截面的方法加强拱肋之间的横向连接。图 3-46 所示为采用拉杆的双曲拱,也可把拉杆改为系梁。

a)增加剪力筋

b)安置钢筋

c)安装模板浇筑混凝土

图 3-46　拱肋之间的横向连接加固

六、吊杆的更换或加固

即更换锈蚀、断丝或滑丝的吊杆。若原构造许可,可以用收紧锚头的方法张拉松弛的系杆或吊杆来调整内力,以达到加固的目的。

七、钢管混凝土拱肋拱脚区段或其他构件外面的加固

钢管混凝土拱肋拱脚区段或其他构件外面的加固可采用在构件的外面包裹钢筋混凝土的方法达到加固的目的。

八、改变结构体系以改善结构受力

(1)在桥下通航许可的前提下加设拉杆改善受力从而提高承载力。

(2)当双曲拱桥由于自重或地基承载力不足,致使拱脚发生水平位移或转动,拱轴线发生变形时,在条件许可的情况下,改变双曲拱桥结构体系的方法,来改善拱圈受力情况,以达到加固的目的。其方法为拆除拱上建筑,改建为桁架拱,原因是改建后的桁架可以减轻自重,并使主拱圈主要承受全部活载及活载引起的轴压力。拆除拱上建筑时应保留立柱脚钢筋,以便桁架节点固定在拱圈上。桁架腹杆以采取三角形为宜,它的下节点较少,可减轻构造上的困难,桁架拱的布置如图3-47所示。

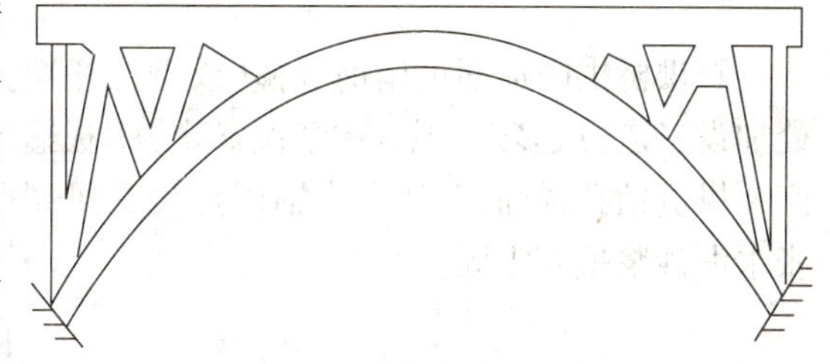

图3-47 桁架拱的布置

九、更换拱上建筑

当双曲拱桥由于自重或地基承载力不足,致使拱脚发生水平位移或转动,拱轴线发生变形时,在条件许可的情况下,可采取调整拱上自重的布置来改善拱圈的受力情况,以达到加固的目的。根据具体情况,常采用的方法有如下两种:

(1)清除拱上建筑及实腹段范围内的填料,降低拱顶断面高度,浇筑钢筋混凝土桥面板,并用混凝土填料加强原有拱上建筑与桥面板的连接,从而加强拱上建筑刚度,使整个体系向柔拱刚梁转化,促使主拱圈在活载作用下主要承担轴力,而转让给加固后的拱上建筑。加固构造措施如图3-48所示。

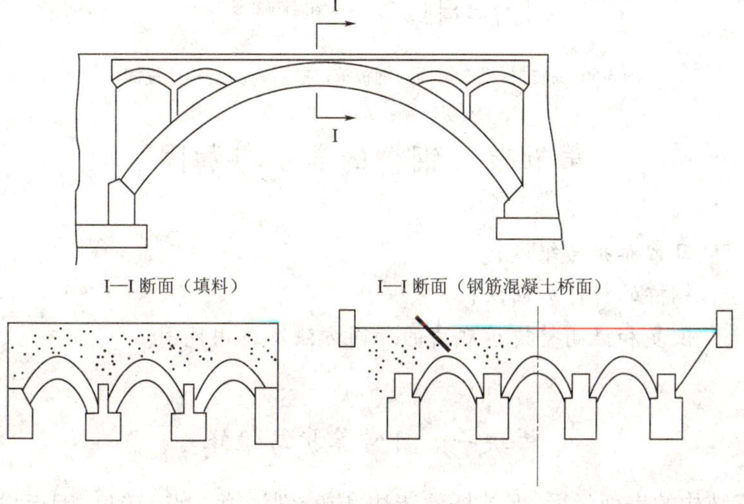

图3-48 加固构造措施

(2)当立柱无钢筋而改造为桁架有困难时,可将拱上结构改造为刚架拱,如图 3-49 所示。计算结果表明,刚架拱在空腹范围内主拱圈的弯矩要比无铰双曲拱小,而且拱脚弯矩也将减少很多。

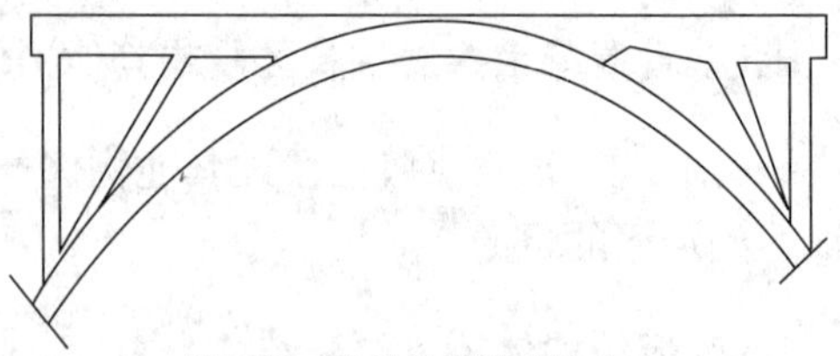

图 3-49　改造为刚架拱的方法

十、先维修加固墩台,然后修补拱圈

对因墩、台变位引起拱圈开裂时,应先维修加固墩台,然后再修补拱圈。

十一、钢板箍(或钢拉杆)与螺栓锚固法

石拱桥拱圈加固可用钢板箍(或钢拉杆)与螺栓锚固法。石拱桥亦可在拱圈的跨中和 1/4 处加设三道(或多道,视具体情况而定)钢板箍(钢板厚度可用 6 ~ 8mm)或钢拉杆,用螺栓在拱底及拱侧钻孔锚固,并注意将锚固点设在拱圈厚度的 1/3 处,如图 3-50 所示。基锚固孔用膨胀水泥砂浆填塞牢固。

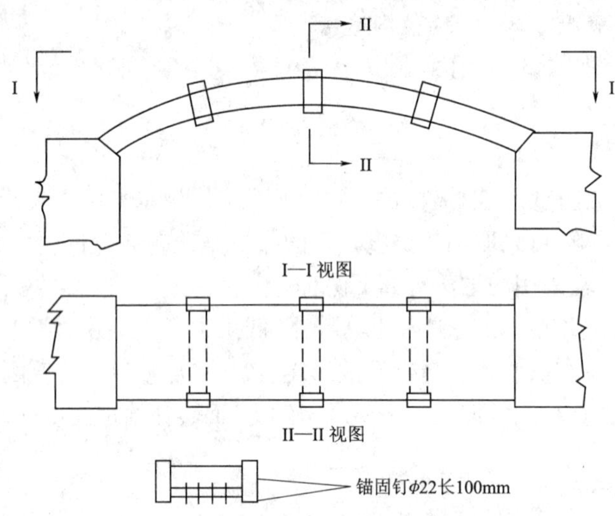

图 3-50　石拱桥拱圈加固的钢板箍(或钢拉杆)与螺栓锚固法

第五节　钢桥的养护与加固

知识点

日常养护与维修;
钢桥的杆件加固法;
恢复和提高整桥承载力的加固方法及适用范围。

模块一　日常养护与维修

(1)清除钢结构的表面污垢,保持杆件清洁,应特别注意节点、转角、钢板搭接处等易积聚

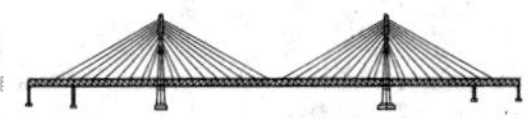

污垢的部位。清除的污垢不要扫入泄水孔或排水槽中，以免堵塞。

(2)更换所有松动和损坏的铆钉。更换过的铆钉在检验之后，均应涂上与桥梁结构显著不同的颜色，并记入桥梁记录簿，注明其数量和位置。

(3)普通螺栓或高强螺体连接的构件，若发现松动应及时加以拧紧，对于高强螺栓必须施加设计的预拉应力。为了便于螺栓的更换，应防止丝扣锈蚀，如接合杆件表面有角度时，则应在螺母之下垫以楔形垫圈。

(4)焊接连接的构件焊缝处若发现裂纹、未熔合、夹渣、未填满、弧坑等缺陷时，应进行返修焊，焊后的焊缝应随即铲磨匀顺。

(5)钢杆件受到冲击造成局部弯曲时，可用撬棍、弓形螺旋顶或油压千斤顶进行冷矫，禁止用锻钢烧材的方法来矫正。

(6)钢梁木桥面板的保养，可抽换破损桥面板，加铺轨道板或加设辅助横梁(木梁或钢梁)，经计算允许增加恒载时可把木桥面改为钢筋混凝土桥面。

(7)装配式钢桥的养护

①在桥两端竖立鲜明的限速标志，严禁超速、超载。

②对各部件接合点的销子、螺栓，横梁夹具、抗风拉杆等进行检查。如有松动和缺损，应及时拧紧和修补更换；销子周围涂油脂，防止雨水进入销孔缝隙；外露的螺栓丝扣应涂油，防止锈蚀。

③木桥面板出现破裂、弯曲及不平整时，应及时抽换。若经常有履带车通过，则应加铺轨道板。

(8)装配式钢桥使用后拆卸进仓之前，应进行油漆，并对拆下的部件进行全面检查和修理。如杆件有局部变形，应进行矫正；如有细裂痕和暗裂纹，应修理加固或更换；销子和栓钉应仔细检查是否有裂缝、脱皮、弯曲、压损等，发现缺陷应及时消除或更换。最后涂抹黄油，用蜡纸包好装箱入仓。

模块二　钢桥的杆件加固法

(1)钢板梁由于穿孔或破裂削弱断面时，可补贴钢板或用钢夹板紧并铆接来加固，这时钢板的边缘应锉平，使之结合紧密。如钢板受到了较短和较深的创伤，宜用电焊填补。

(2)采用增设水平加劲肋、竖向加劲肋的方法加固钢板梁。

(3)钢桁梁加固一般用补加新钢板、角钢或槽钢来加大杆件截面。加固可用栓接、铆接或焊接。

(4)加设加劲杆件，或增强各杆件间的联系。

(5)在结合处用贴板拼接，加设短角钢加强桁架杆件与节点板的连接。

(6)如桥梁下挠显著增加，销子与销孔有损坏或上下弦强度不足，应停止交通进行检查修理或更换。

(7)钢结构杆件在修理加固之后，应涂漆防锈。

模块三　恢复和提高整桥承载力的加固方法及适用范围

(1)增设补充钢梁，可装在原有各梁之间，也可以紧靠在原有各梁的旁边。

(2)用加劲梁装在原主梁的下缘或下弦杆上。加劲梁加固方法,适宜于不通航的桥孔或桥下净空足够的小型桥梁。

(3)用体外预应力加固,预应力施加在下挠后的下弦杆截面上。预应力加固法对桥下净空的影响较小,施工方便,但预应力钢索的防锈工作较困难。

(4)用拱式桁架结构装在原主梁的上面,拱脚和原主梁固接或铰接,适宜于下部结构能承受所增加恒载的通航桥孔的加固。

(5)用悬索结构加在原主梁上面,可使被加孔的恒载转移到悬索上,以改善结构的变形。这种方法可在运营状态下进行,适宜于下部结构能承受所增加恒载的通航桥孔的加固。

(6)在不影响排水和通航的情况下,可在桥孔中间添建桥墩,缩短跨径,减小桁梁杆件的内力。为了承受新增支点处的剪应力,在新桥墩墩顶处的上部结构中,必须加置竖杆及必要的斜杆。

(7)对于多孔简支桁架,分联将其转变为连续桁架,可采用体外预应力加固方法,使被连接的主桁上弦杆在墩顶处得以补强。

第六节　斜拉桥的养护与加固

斜拉桥的日常养护与维修;
斜拉索的调整和更换。

模块一　日常养护与维修

1. 斜拉桥梁体和索塔部分的养护

该部分的养护视其结构类型可按钢筋混凝土桥、预应力混凝土桥及钢桥的相关规定进行养护与维修。

2. 拉索的养护

(1)拉索两端的锚具及护筒应经常保持清洁和干燥。塔端锚头若漏水、渗水应及时用防水材料封堵,梁端锚头若漏水、积水应及时将水排出并封堵水源。

(2)定期更换拉索两端锚具锚杯内的防护油。

(3)定期更换钢护筒与套管连接处的防水垫圈及阻尼垫圈,做好搭接处的防水处理。

(4)定期对索端做钢护筒涂漆防锈处理。

(5)若拉索护套出现开裂、漏水、渗水应及时处理。可剥开已损坏的护套,将已潮湿的钢索吹干,对已生锈的钢索做好除锈处理,再涂刷防护油,并用玻璃丝布或其他防护材料包扎处理。

(6)斜拉索的减震装置要保持正常工作状态,发现异常或失效要及时维修。

3. 桥上附属设施的养护

(1)索塔的爬梯应每年保养一次,包括除锈、油漆、修理损坏件的部件。进出口检查门应经常保持完好。有工作或观光电梯的,应按有关规定进行保养。

(2)空心索塔的塔内应经常保持通风干燥。塔内通风照明系统每年至少检查保养一次,

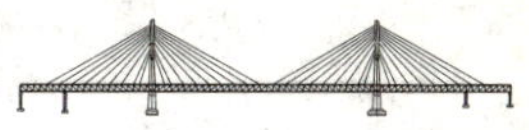

损坏的灯具应及时更换。

模块二　斜拉索的调整和更换

(1)对因钢索、锚具损坏而超出安全限值的拉索应及时进行更换。

(2)对索力偏离设计限值的拉索进行索力调整。张拉的顺序、级次和量值应按设计规定进行,并测定索力和延伸值,同时进行控制。

(3)拉索的更换按改建工程进行,应对各方案技术经济的合理性进行分析比选,确定安全、简便的施工方案。竣工后必须对全桥斜拉索的索力和主梁高程进行测定,检验换索效果,并作为验收的依据。

第七节　悬索桥(吊桥)的养护与加固

悬索桥(吊桥)的日常养护与维修;
加固方法及适用范围。

模块一　日常养护与维修

(1)悬索桥梁体和索塔部分的养护,视其结构类型可按钢筋混凝土桥及钢桥的相关规定进行养护与加固。

(2)主缆各索股的受力应保持均匀,经检查若个别索股受力出现明显偏差、松弛或过紧,应通过索端拉杆螺栓进行调整。

(3)防止主缆索股的锚头、锚杆、裸露索股、分索器、散索鞍等锈蚀,涂装防锈油漆的部分应定期涂刷,涂抹黄油的部分应定期更换黄油,发现剥落、锈蚀应及时处理。

(4)主缆索的防护层如有开裂、剥落,应尽快修复,必要时可切开防护层检查主缆是否锈蚀并做相应处理,处理完毕后应及时修复。采用涂敷黄油防锈并用简易包裹做防护层的,应定期更换黄油及防护层,并保持其完好状态。

(5)网格式悬索桥,肢杆拉索应保持正常的工作状态,若发现松弛,可调整端头拉杆螺母使其复位。

(6)索鞍应经常清扫,防止尘土杂物堆积、积水(雪)及锈蚀。索鞍的辊轴或滑板应保持正常工作状态。

(7)锚室及封闭的索鞍罩内应保持干燥。有除湿设备的应保持设备正常工作,出现故障及时检修。

(8)索夹、索鞍、吊杆等的紧固螺栓应保持其原设计受力状态,视其工作情况,每半年至两年定期紧固,若发现松动应及时紧固。

(9)若吊杆有明显摆动、倾斜或检查发现其受力变化,应查明原因。若索夹松动,应使其复位并紧固锚栓;若拉杆螺栓松动,应予以拧紧;若吊索锚头出现松动,应予更换。吊杆复位后应进行索力检测。

(10)吊杆的保护套,止水密封圈、防雨罩等应保持完好,若发现老化、开裂、破损要及时修补、更换。

(11)吊杆的减震装置要保持正常工作状态,发出异常或失效要及时检修。

(12)未做衬砌的岩石锚室或锚洞,若其表面有风化或表面裂纹,应用环氧树脂砂浆或钢丝网水泥砂浆进行处理。

模块二　加固方法及适用范围

1. 减少悬索桥竖向变位的加固方法

(1)设置中央构件,把加劲梁与主缆索在跨中连接起来。

(2)把直吊杆(索)改为斜吊杆(索)交叉斜吊杆(索)。

(3) 增加斜拉索改变结构受力体系,斜拉索可设在主跨1/4跨径区段,并妥善解决斜拉索与加劲梁及索塔的锚固,同时注意解决索塔受力平衡问题。

2. 减少悬索桥横向摆动的加固方法

(1)在桥的两岸上、下游对称增设侧风缆,风缆锚固于悬索桥的加劲梁上,锚固位置可选在1/4跨至跨中之间。

(2)在桥的上、下游各架设一根跨河钢缆,其高度可略低于桥面,用钢丝绳将加劲梁与过河钢缆作多点连接,适当张紧形成抛物面网络。

(3)加强加劲梁的水平风撑,加大横向刚度。

3. 主缆垂度调整

对采用少量索股的悬索桥,结构条件许可时,才可对主缆的垂度进行调整。

先将要调整的主缆一侧的恒载卸载,放松索夹,用卷扬机或其他张拉设备逐股张紧主缆索股,再用调整索股端头的螺杆固定。

4. 索鞍座复位

当索鞍座偏移超出设计允许值时,可用千斤顶将辊轴归位。

5. 索碇及锚室结构损坏

索碇及锚室结构开裂、变形,应及时查明原因,进行加固处理。锚碇板开裂,可增补钢筋混凝土锚碇板,支撑开裂或破损可增加型钢支撑,若锚室发生变形、位移,可用增加压重等方法处理山体。

第八节　桥梁支座养护技术

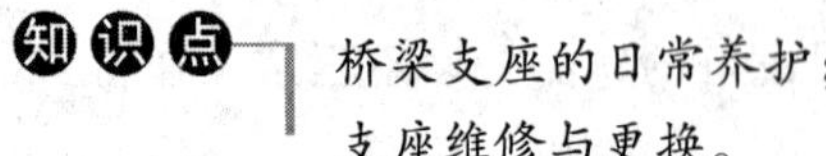

桥梁支座的日常养护;
支座维修与更换。

模块一　日 常 养 护

桥梁支座是桥梁上下部结构的结合点,一有损坏将严重影响到桥梁承载能力和使用寿命,所以必须注意经常养护,保证其处于正常的工作状态。在钢筋混凝土梁式桥中采用的支座形式有垫层支座、弧形钢板支座、摆柱式支座和橡胶支座等。根据《公路桥涵养护规范》(JTG

H11—2004)规定,桥梁支座的养护工作主要有:

(1)支座各部分应保持完整、清洁,每季一检查,半年一清扫,清除支座周围的油污、垃圾,防止积水、积雪,保证支座正常工作。

(2)滚动支座的滚动面上应定期涂上一层润滑油(一般每年一次)。在涂油之前,应把滚动面揩擦干净。

(3)对钢支座要进行除锈防腐。除铰轴和滚动面外,其余部分均应涂刷防锈油漆。

(4)及时拧紧钢支座各部分接合螺栓,使支承垫板平整、牢固。

(5)应防止橡胶支座接触油污引起老化、变质。

(6)滑板支座、盆式橡胶支座的防尘罩,应维护完好,防止尘埃落入或雨、雪渗入支座内。

模块二　支座维修与更换

一、需进行维修或更换的支座

支座如有缺陷或产生故障不能正常工作时,应及时予以修整或更换。

(1)支座的固定锚销剪断,滚动面不平整,轴承有裂纹或切口,辊轴大小不合适,混凝土摆柱出现严重开裂、歪斜,必须更换。

(2)支座座板翘起、变形、断裂时应予更换,焊缝开裂应予整修。

(3)板式橡胶支座出现脱空或不均匀压缩变形时应进行调整。

(4)板式橡胶支座发生过大剪切变形、中间钢板外露、橡胶开裂、老化时应及时更换。

(5)油毡垫层支座失去功能时,应及时更换。

二、调整、更换桥梁支座的方法

1. 调整、更换板式橡胶支座、钢板支座、油毛毡垫层支座的方法

在支座旁边的梁底或端横隔梁处设置千斤顶,将梁(板)适当顶起,使支座脱空不受力,然后进行调整或更换。调整完毕后或新支座就位正确后,落梁(板)到使用位置。

2. 桥梁支座顶升,整体更换的基本程序

(1)小跨径的简支梁桥,先将桥面连续处断开,将千斤顶置于盖梁或搭设的支架上,T形梁桥可将翼板作为着力点,板式桥可直接顶在底板上,一般在每片梁下架设1~2个千斤顶,均匀施力即可。

(2)跨径较大的简支梁桥或连续梁桥,应预先在盖梁或支架上用千斤顶进行支撑,待千斤顶施力后,将盖梁等病害进行修复。

(3)试顶。支撑架和千斤顶等安装完毕后,应先进行试顶。试顶主要是为了消除支撑架的变形和沉降。

(4)整体顶升。试顶完成后,在专业人员的统一指挥下,所有千斤顶慢慢用力整体顶起梁体使其离开原支座约2cm立刻停止,并立即在盖梁或支架上设置临时垫块。顶升主梁,更换支座的实例如图3-51所示。

(5)台帽、盖梁等处理完成后,即可去除原有支座,支座下方用环氧树脂砂浆找平,缓慢取出千斤顶等临时支撑。

图 3-51　顶升主梁实例图

(6)为防止起顶过程中损伤梁底,在梁底和千斤顶接触处用钢板垫实。

(7)千斤顶的量值一般应为主梁一半自重的 2 ~ 3 倍,对于装配式的简支梁(板)桥,应切实注意顶升过程中的横向稳定性,必要时应设置横向卡紧装置。

三、抬高支座的方法

需要抬高支座时,可根据抬高量的大小选用下列几种方法:

(1)垫入钢板(50mm 以内)或铸钢板(50 ~ 100mm);

(2)更换为板式橡胶支座;

(3)就地浇筑钢筋混凝土支座垫石,垫石高度按需要设置,一般应大于 100mm。

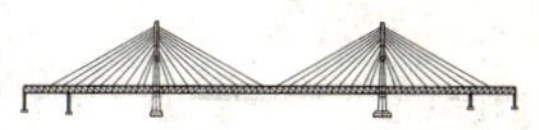

第四章　桥梁下部结构养护技术

桥梁破坏很多是由桥梁基础、桥梁墩台等下部结构引起的，因此，桥梁下部结构的养护须引起足够的重视。桥梁下部结构的养护主要包括桥梁墩台基础养护与加固，桥梁墩台养护与加固以及锥坡、翼墙养护等内容。

第一节　墩台基础养护与加固

本节主要包括桥梁墩台基础日常养护与维修，桥梁墩台基础允许沉降，墩台基础加固方法及使用范围等内容。

模块一　墩台基础日常养护与维修

知识点

墩台基础日常养护内容；

桥梁基础防护的方法。

一、保持桥梁墩台基础附近河床的稳定

为保持桥梁墩台基础附近河床稳定，桥梁上下游各200m的范围内（当桥长的1.5倍超过200m时，范围应适当扩大）应做到以下几点。

(1)适时地进行河床疏浚。每次洪水过后，应及时清理河床上的漂浮物，使水流顺利宣泄。

(2)在桥下树立警告牌，禁止任何人或单位在上述范围内挖沙、取土、采石、倾倒废弃物，禁止进行爆破作业及其他危及公路桥梁安全的活动。

(3)不得任意修建对桥梁有害的建筑物，因抢险、防汛需要修筑堤坝、压缩或拓宽河床时，应事先报经交通主管部门或公路管理机构同意，并采取有效的防护措施。

发现任何有可能破坏桥梁安全的行为，应及时制止。

二、基础的防护

若基础冲刷过深或基底局部淘空，应立即抛填块石、片石、铅丝石笼等进行维护。桥梁基础的防护方法如表4-1所示。

桥梁基础的防护方法(尺寸单位:cm)　　表4-1

序号	方 法	简 图	说 明
1	石笼或板桩防护	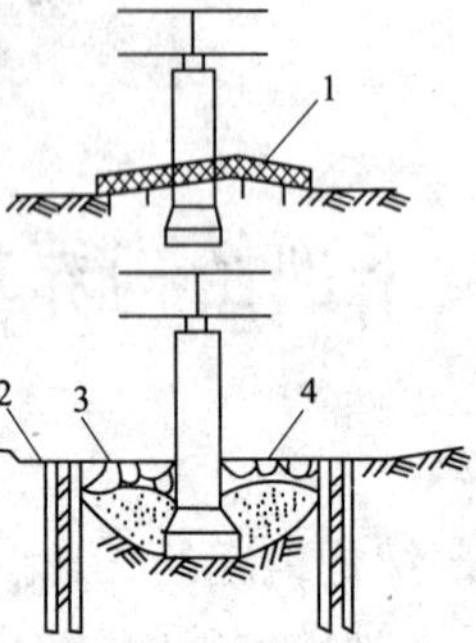 1-石笼;2-板桩;3-砂砾;4-浆砌片石	水流冲刷危及基础时,须采取防护措施: 1. 用竹子、铅丝或钢筋制成石笼护基,并将石笼间以钢筋或铅丝相互连接下沉; 2. 在土质或细砂砾河床,可筑板桩围堰,堰内填砂砾、石。注意板桩顶面高程不应高于河床
2	水泥混凝土板或混凝土预制块防护	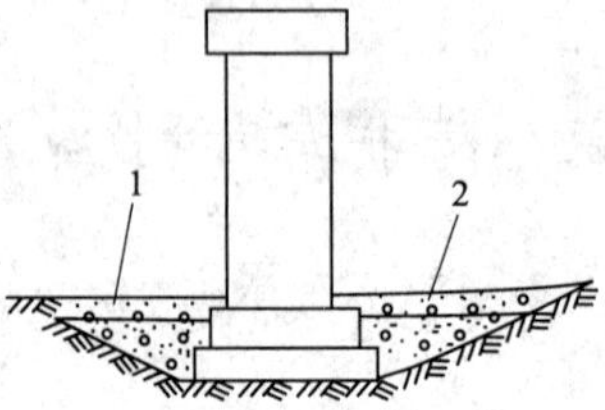 1-混凝土预制块;2-水泥混凝土	当河床不稳定、基础埋置深度浅、冲刷范围较大时,宜取平面防护,其范围视具体情况而定。在水流中不可部分施工时宜采用铺置混凝土块的办法防护。采用铺筑水泥混凝土防护时,需在河床整个宽度内进行,不能部分地施工
3	块、片石防护	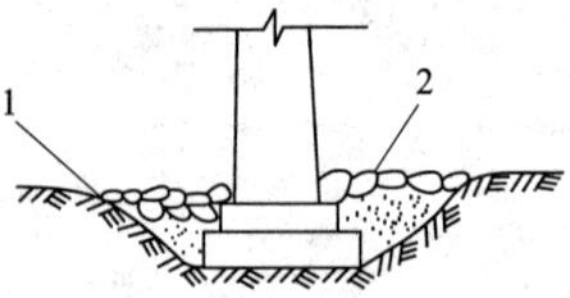 1-双层块片石;2-单层块片石	同上情况,亦可采取双层或单层块、片石作平面防护,但当河床面有淤泥杂物时,须加以清除,填以砂砾夯实后再行砌石,方能稳固
4	稍捆防护	 50 1-稍捆;2-片(卵)石	用长约1.5cm鲜柳枝、荆条编成稍捆,内装片石或卵石,成捆置放于基础四周防护,具有较好的防冲效果。当冲刷力较大,可在稍捆上加压石块稳定
5	大桥抛石防护	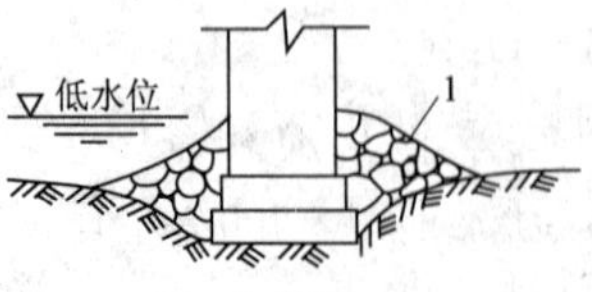 低水位 1-抛石	抛石防护用于深水墩台,将石块抛在桥梁墩台四周被冲刷的坑内,填满至高于河床面,以防再次冲刷
6	中、小桥抛石防护	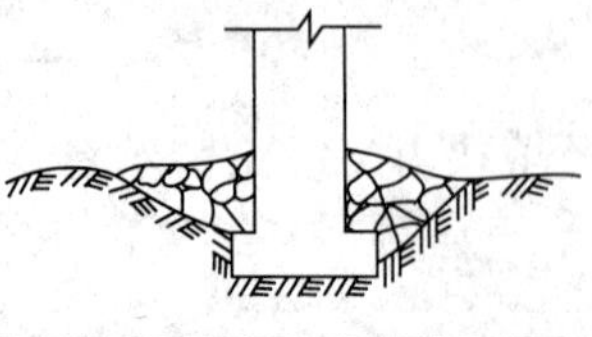	中、小桥梁墩台的抛石防护,应注意横桥跨的门坎埋置深度须比墩台四周挖深1.2~1.5m,以防水流正面冲刷

续上表

序号	方　法	简　图	说　明
7	板桩墩头防护	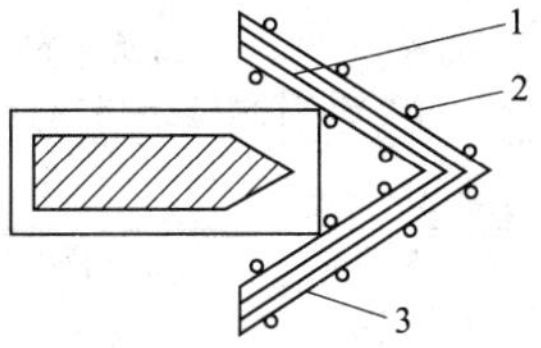 1-板桩;2-导向柱;3-横头梁	对于土质和砂砾石的变迁性河段,可采用板桩进行墩头防护。板桩顶面一般不应高出河床面,最好埋置在冲刷线以下,因板桩高出床面,会产生阻水,在板桩前造成局部冲刷,影响护桩安全。板桩尖头做成单向斜口式,打桩时可板桩接缝紧密,板桩入土嵌制深度一般为0.5～1.0m
8	马蹄形大型铅丝笼填石护墩	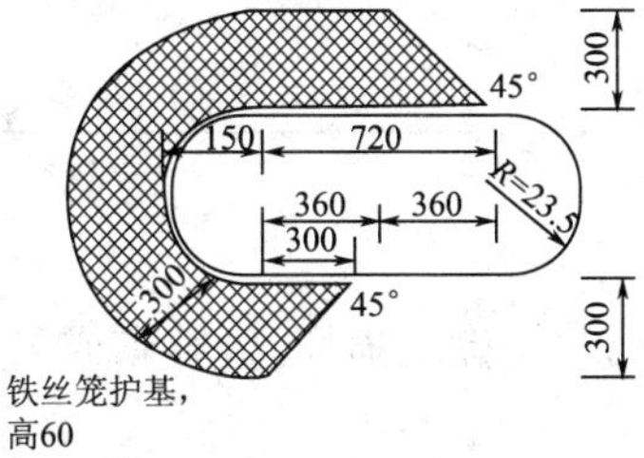 铁丝笼护基,高60	马蹄形大型铅丝笼,可用ϕ8mm钢筋作骨架,用8号铅丝编成网眼作外框,大铅丝笼宽3.0m,高0.6m,大铅丝笼在岸上编成后,用船运到桥墩处下沉就位,内填毛石,最后再加铅丝网盖
9	混凝土板防护	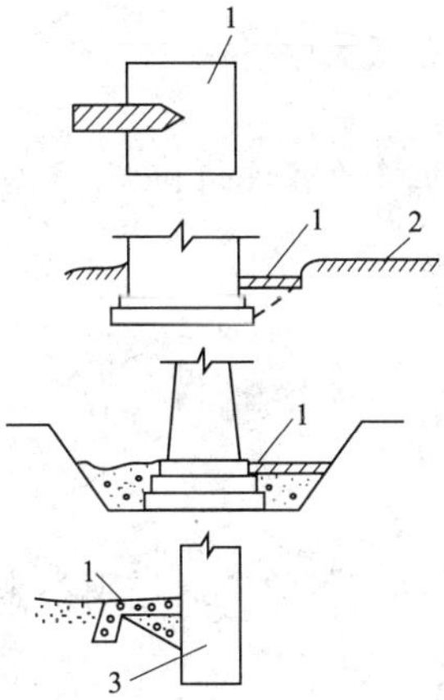 1-混凝土板;2-床面;3-桥墩	混凝土板属于局部冲刷平面防护,混凝土板应置于一般冲刷线以下,并应盖住所在位置的冲刷坑范围。混凝土板整体性强,抗冲耐磨,施工较方便,是一种防护桥墩局部冲刷的有效措施
10	三级消力坎防护	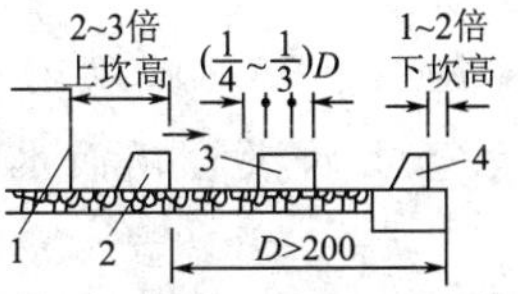 1-下游台口;2-土坎;3-平台;4-下坎	当下游冲刷严重,为缓冲水流冲刷影响,可用浆砌块、片石或预制混凝土块筑成三级消力坎(或称三级跳坎)

续上表

序号	方　法	简　　图	说　　明
11	海曼式防护	35　55　260　100　70	同上目的，亦可采用海曼式缓冲水流。海曼式防护可用砌石或铺混凝土
12	冻拔防护	1　2　3 1-套管；2-沥青砂浆；3-冰冻线	严寒地区，冬季冰层厚度变化，易于发生浅桩冻拔，深桩环状冻裂，如桩基周围冰层较厚，可打入套管或板桩，中间填以保温材料，亦可将冰冻线以上（墩台周围）用矿渣换填

三、河床铺砌损坏的维护

桥下河床铺砌出现局部损坏时应及时维修。若砌块损坏，可补砌或采用混凝土修补。

四、附属设施的维护

对设置的防撞、导航、警示等附属设施应经常检查、维护，保持良好状态。

模块二　墩台基础沉降

知识点

简支梁桥墩台基础的沉降和位移的容许值；

桥梁墩台基础加固的条件。

墩台基础检查的方法。

一、墩台基础沉降和位移

简支梁桥墩台基础的沉降和位移，超过以下容许限值或通过观察裂缝持续发展时，应采取相应措施予以加固：

(1)墩台均匀总沉降值(不包括施工中的沉降)：$2.0\sqrt{L}$(cm)；

(2)相邻墩台总沉降差值(不包括施工中的沉降)：$1.0\sqrt{L}$(cm)；

(3)墩台顶面水平位移值：$0.5\sqrt{L}$(cm)。

注：①L为相邻墩台间最小跨径，以m计，跨径小于25m时以25m计算；

②桩、柱式柔性墩台的沉降，以及基桩承台上的墩台顶面水平位移值，可视具体情况确定，以保正常使用为原则。

二、其他情况

当墩台变位所产生的附加内力影响到桥梁的正常使用和安全时，或桥梁墩台基础自身结

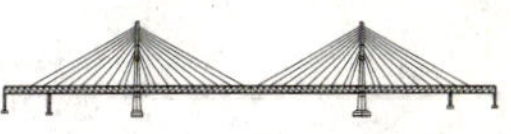

构出现大的缺损使承载力不够时,必须进行加固处理。

三、墩台基础检查方法

当墩台有倾斜、位移、下沉或在可变作用下墩顶位移过大,或墩顶振动测试发现有疑问时,应进行挖探检查。

1. 直接挖探检查

在河床无水或围堰防水的情况下,直接挖至基础进行检查。

2. 抽水检查

流水不大的浅水墩台,可用土围堰、草袋围堰或单、双板桩围堰等,抽水开挖检查。

3. 刨冰检查

用冰镐刨除墩台周围冰层,刨除冻结一层,直至露出基底进行检查。刨冰须距墩台边缘,1~2cm以防损伤墩台。在冰层厚达25~40cm时,即可开始刨冰,每次留下冰层厚10cm左右。当冰下流速大于0.5 m/s时,应采取减缓流速、加速冻结的措施。在开挖遇到冻土时,除直接开挖外,常采用100型钻机,根据墩台病害情况,有目的地进行钻探。

4. 潜水摸探

水深时,由潜水工下水摸探。潜水摸探应在低水位进行。

5. 水下激光检查

把探头放入水中,在岸(或墩台)上通过荧光屏可看见水中墩身、基础或高桩承台、水中桩身有无裂纹、冲空、损坏、断裂等情况,并可录像。这种方法在清水中试验成功,在含泥量较多的江水中,目前需将探头紧贴圬工表面才能检查出结果,或采用换浆装清水箱的办法,也可以在较混的水中测得较理想的结果。

模块三 墩台基础加固方法及使用范围

地基承载力不足时的加固方法;
墩台基础防护加固;
墩台滑移、倾斜的加固;
墩台基础沉降的加固。

一、地基承载力不足时

当地基承载力不足时,可采用下列措施进行加固。

1. 重力式基础的加固

(1)当刚性实体重力式基础的地基承载力不足或基础埋置深度不够时,可采用扩大基底承压面的方法。即在刚性实体基础周围加砌圬工或混凝土,并用钢筋锚接旧基础,旧基础表面须刷洗干净、凿毛,使新老混凝土能结合牢固。其施工顺序如下:

①在须加宽的范围内先打板桩围堰或修筑围堰,若基底土质不稳定,应做必要的加固;

②在堰内把水抽干后,挖去堰内土壤,直挖至必要的深度(注意墩台的安全);

③浆砌块、片石作混凝土基础;

④新旧基础要注意牢固结合,施工时,可加设连接(锚固)钢筋或插以钢销,以使加固扩大的基础和旧基础能牢固地结合成一整体,如图4-1所示。

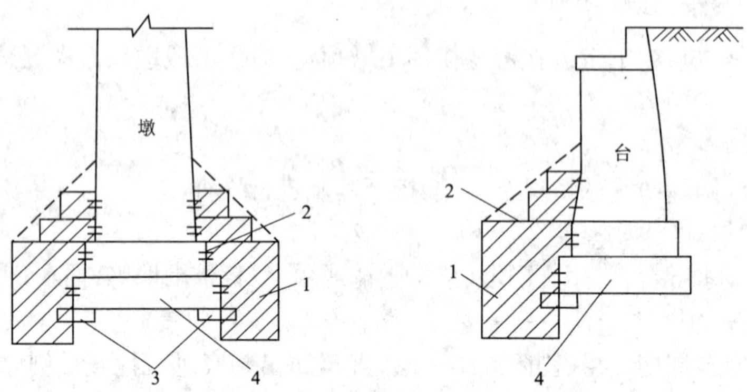

图4-1 扩大基础加固法

1-扩大基础;2-新旧基础结合;3-丁石;4-原基础

(2)当梁式桥桥台基础承载能力不足时,可在台前增加桩基及柱并浇筑新盖梁,增设支座。这样做梁的支点发生变化,应根据结构受力变化对主梁进行检算及加固。

(3)对于拱桥基础,可在桥台两侧加设钢筋混凝土实体耳墙与原桥台用钢销连接起来,增大桥台基础面积,提高桥台基底承载力,如图4-2所示。

(4)当桥下净空允许时,可在台前加建新的扩大基础及台身,将主拱改建为变截面拱支承到新基础及台身上。新老基础之间用钢筋或钢销进行连接,有条件时可在台前新基础下增加短柱,以提高承载力。

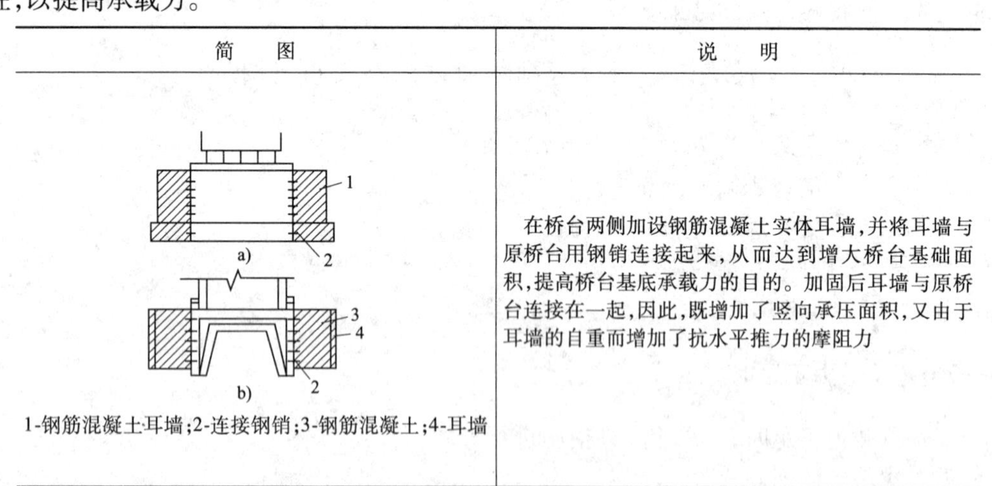

简图	说明
1-钢筋混凝土耳墙;2-连接钢销;3-钢筋混凝土;4-耳墙	在桥台两侧加设钢筋混凝土实体耳墙,并将耳墙与原桥台用钢销连接起来,从而达到增大桥台基础面积,提高桥台基底承载力的目的。加固后耳墙与原桥台连接在一起,因此,既增加了竖向承压面积,又由于耳墙的自重而增加了抗水平推力的摩阻力

图4-2 在桥台两侧加设钢筋混凝土实体耳墙

2. 桩基础的加固

(1)为提高桩基础承载力,可采用钻孔灌注桩或打入钢筋混凝土桩的方法增设基桩,并扩大原承台,使墩台的压力部分传送至新桩基,如图4-3所示。

(2)对单排架桩式桥墩采用加桩(打入桩或钻孔灌注桩)加固时,如原有桩距较大(4~5倍桩径),可在桩间插桩。如原有桩距较小且通航净空有富余时,可在原排架两侧增加新桩,

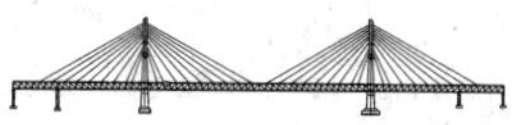

变为三排墩桩，如图 4-4 所示。

（3）对钻孔灌注桩桩身损坏——露筋、缩颈等病害，可采用灌（压）浆或扩大桩径的方法进行维修加固。

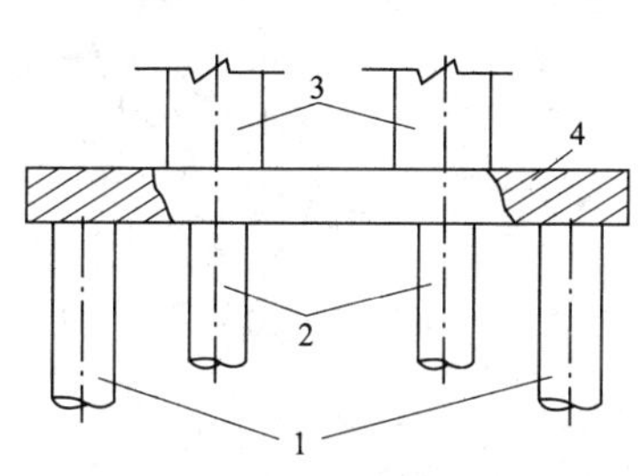

图 4-3　加桩法

1-新加钻孔桩；2-原柱；3-立柱；4-新接承台

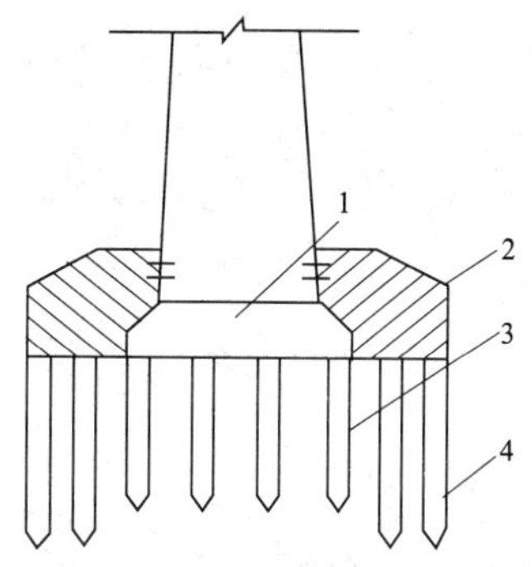

图 4-4　增补桩基础加固法

1-原承台；2-新承台；3-原桩基；4-新桩基

3. 人工地基加固

对墩台基础以下的地层，采用注浆、旋喷注浆或深层搅拌以及挤密砂桩等方法，将各种浆液及加固剂注入或搅拌于土层中，通过浆液凝固使原来松散的土固结，形成有足够强度和防渗性能的整体。

（1）注浆法。在墩台基础下，向墩台中心斜向钻孔基打入钻管，通过孔眼上管孔压注水泥砂浆、沸腾沥青和土的固结剂等，以提高地基承载力（加固范围与深度由计算确定），如图 4-5 所示。

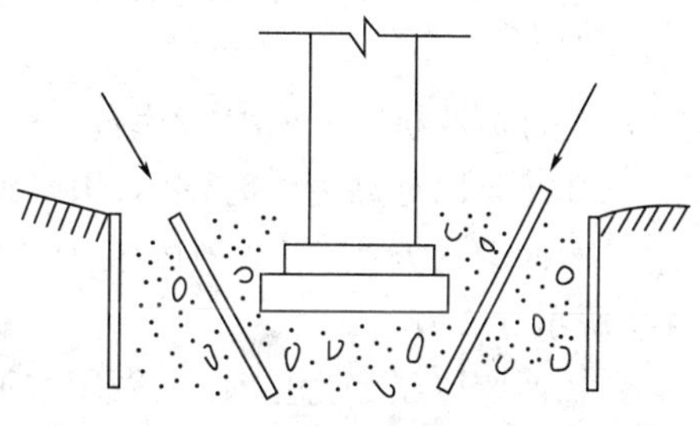

图 4-5　人工地基加固法

（2）砂桩法。当软弱地基层较厚时，可用挤密砂桩法改善地基的承载能力。加固施工时，将钢管或木桩打入基础周围的软弱土层中，然后将桩拔出，再灌入经过干燥的粗砂进行捣实，以此作为砂桩，达到提高土的密实度的目的。

二、墩台基础防护加固

墩台基础局部被冲空时，视情况可分别采取下列加固措施。

（1）水深在 3m 以下时，可筑围堰将水抽干，以砌石或混凝土填补冲空部分，桥台基础除按上述方法加固外，还应修整或加筑护坡。当水难以抽干时，则可浇水下混凝土封底后再抽，抽水后以砌石或混凝土填补冲空部分，如图 4-6 所示。对于水下部分基础的修补，亦有不抽水而把钢筋混凝土薄壁套围堰下沉到损坏处附近河底，在套箱与桥墩间浇注水下混凝土以包裹损坏或冲空处，如图 4-7 所示。

（2）水深在 3m 以上时，可在基础四周打板桩或做其他围堰，灌注水下混凝土。也可用编制袋装干硬性混凝土（每袋装量为袋容积的 2/3），通过潜水作业用袋装混凝土分层填塞冲空部分，填塞范围比基础边缘宽 0.4m 以上，如图 4-8 所示。

（3）当基础置于风化岩上，基底外缘已被冲空时，应先清除岩层严重风化部分，再用混凝土填补。对基础周围的风化岩层还应用水泥砂浆进行封闭。

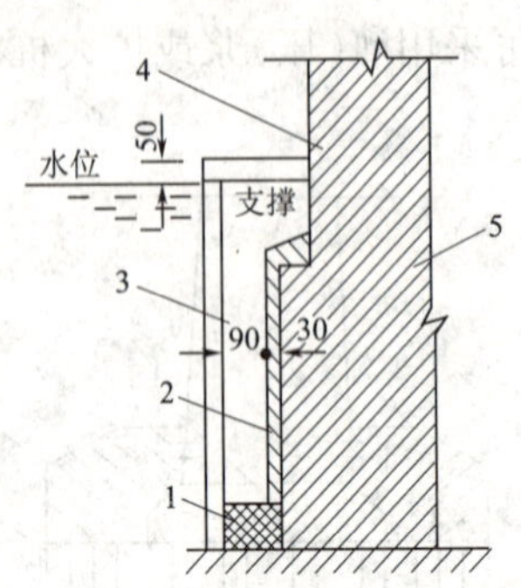

图 4-6　抽水后修理桥墩(尺寸单位:mm)

1-水下混凝土封底;2-钢筋混凝土护套;3-板桩围堰;4-支撑;5-桥墩砌体

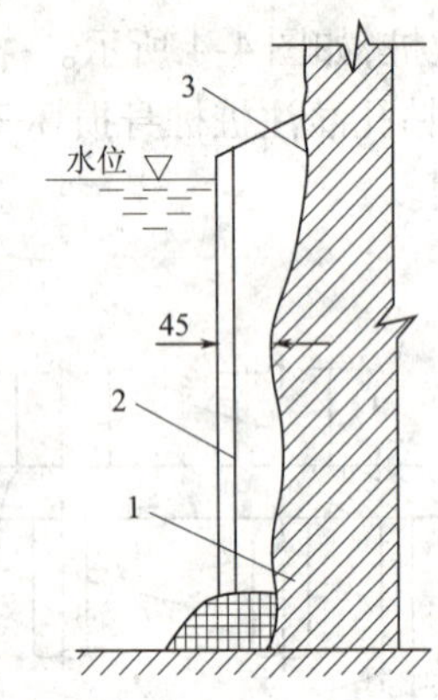

图 4-7　不抽水后修理桥墩水下部分(尺寸单位:mm)

1-桥墩砌体;2-钢筋混凝土护套;3-用水下混凝土填充

(4)当河床不稳定,基础埋置较浅,冲刷范围较大时,可采用平面防护加固,其范围要覆盖全部冲刷坑。方法如下:

①打梅花桩,桩间用块、片石砌平卡紧。

②河床以泥砂为主时,可采用浆砌块(片)石防护。采用平面铺砌的方法,需在河床整个宽度内进行施工,如图 4-9 所示。

③河床以淤泥为主时,可采用水泥混凝土板或水泥混凝土预制块防护,此方法需采用干面铺砌,施工在河床整个宽度内进行,如图 4-10 所示。

④河床以泥砂为主时,可采用以竹子、铅丝或钢筋排成石笼护基,石笼间要相互联锁,使其整体下卧,如图 4-11 所示。

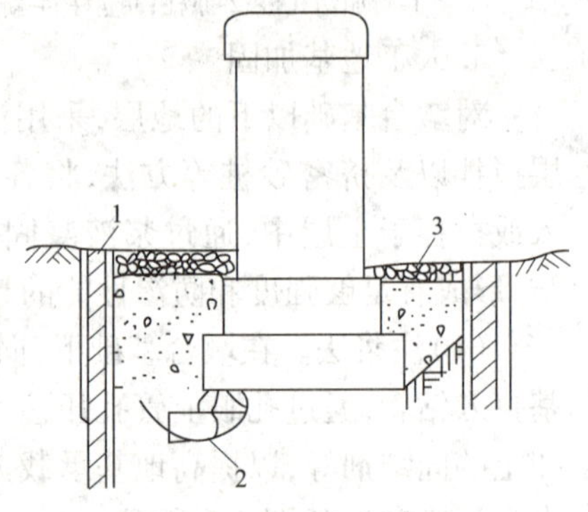

图 4-8　板桩及填补混凝土防护

1-板桩;2-抛石或水下混凝土;3-表面浆砌片石

⑤河床以砂石为主时,可采用梢捆柔性结构防护。梢捆结构系以 1.5m 长鲜柳枝、荆条编织成捆,内装片石或卵石,如图 4-12 和图 4-13 所示。

(5)墩台周围河床冲刷严重,危及基础安全时,除分别采用上述方法进行防护加固外,应在洪水期过后,采取必需的防护措施,以防再次被冲坏。

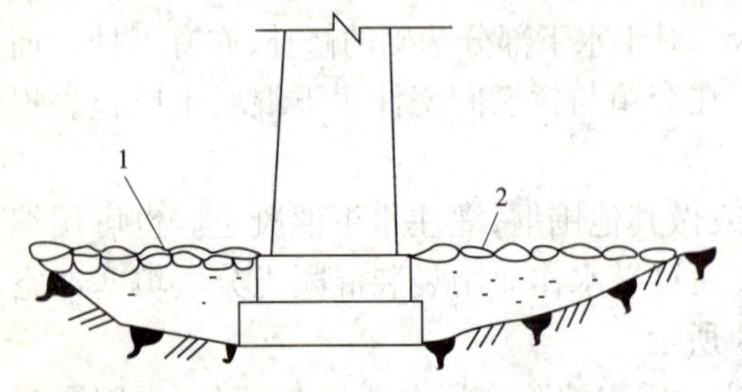

图 4-9　浆砌块(片)石防护

1-双层块片石;2-单层块片石

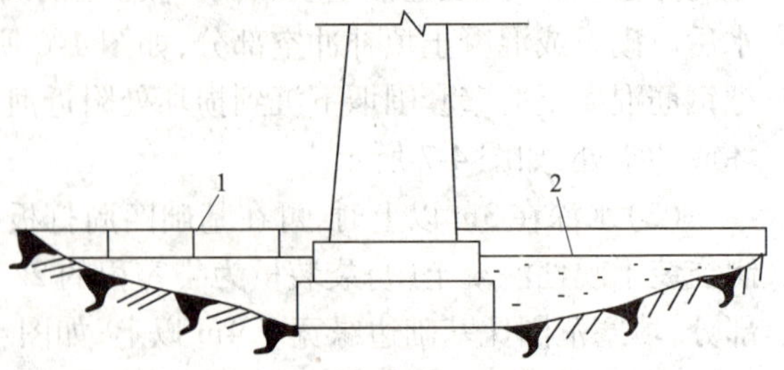

图 4-10　混凝土预制块防护

1-混凝土预制板;2-混凝土板

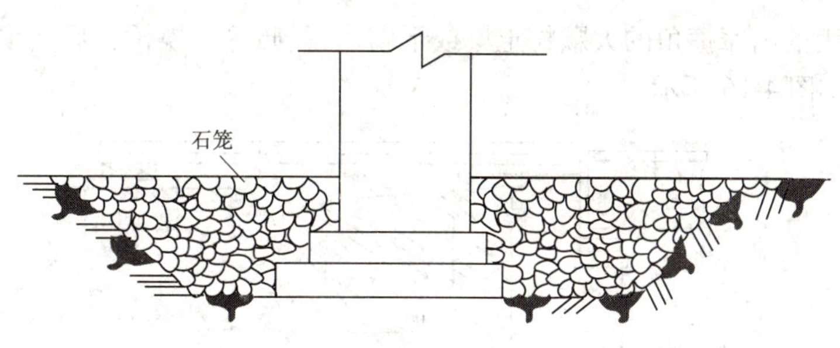

图 4-11　石笼防护

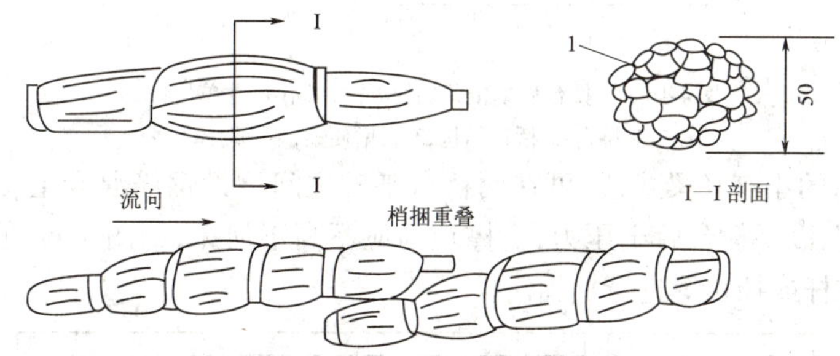

图 4-12　铁丝石笼、梢捆防护
1-片(卵)石

图 4-13　梢捆防护(尺寸单位:cm)
1-梢捆;2-片(卵)石

三、墩台滑移、倾斜的加固

桥台发生滑移和倾斜时,应分析原因,根据不同情况采取下列加固方案。

1. 梁式桥或陡拱因台背土压力大,造成的桥台向桥孔方向位移

(1)挖去台背填土,改用轻质材料回填,减小台后土压力,以使桥台稳定,如图 4-14 所示。

(2)挖去台背填土,加厚台身(桥台胸墙),并注意新旧混凝土结合牢固,如图 4-15 所示。

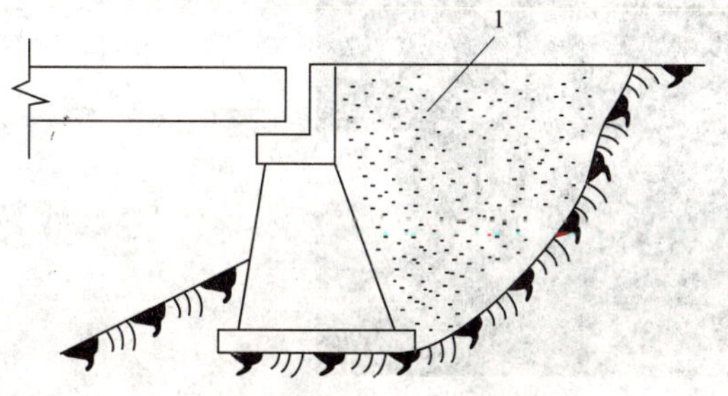

图 4-14　台背换填轻质材料减小荷载法
1-换置轻质材料回填

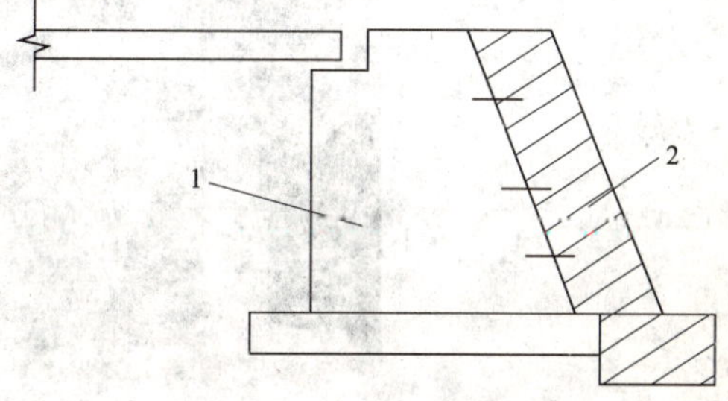

图 4-15　增厚台身加固
1-桥台;2-新建的辅助挡墙

(3)用具有大的内摩擦角的大颗粒土壤或干砌片石、砖等更换桥台后面填土,同时在台后新增架设便梁,如图4-16所示。

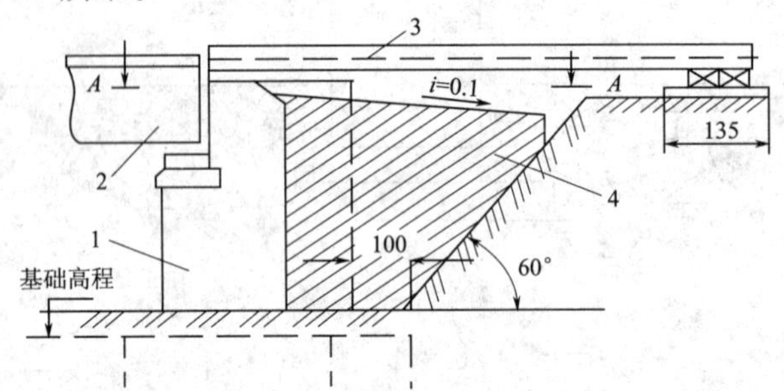

图4-16　更换台后填土并加便梁的加固(尺寸单位:cm)

1-桥台;2-桥跨结构;3-新增便梁;4-干砌体

(4)对于单跨的小跨径梁式桥,可在两桥台基础之间增设钢筋混凝土支撑梁或浆砌片石支撑板,顶住桥台,以平衡台后土压力,支撑顶面应不高于河床,如图4-17所示。埋置式桥台可采用挡墙、支撑杆或挡块等进行加固。

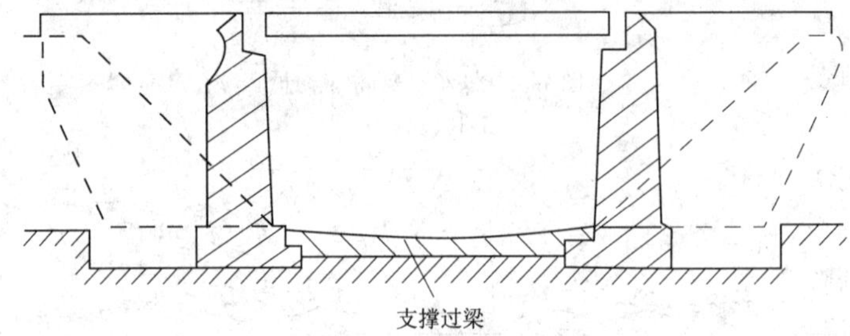

图4-17　台间设支撑梁加固

2. 拱桥桥台产生向台后方向位移

(1)在U形桥台两侧加厚翼墙。翼墙与原桥台应牢固结合,增大桥台断面和自重 ,借以抵抗水平位移。若为一字形桥台,可增设翼墙变为U形桥台。

(2)当桥台的位移尚未稳定时,可用台后加孔减载加固法,它是在台后路基上新增一孔小跨径的简支梁桥,以减小台后土压力的方法,如图4-18所示。

图4-18　桥台后加孔减载加固

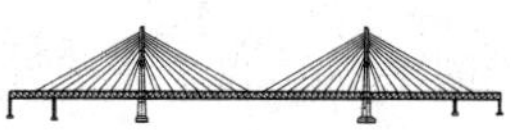

(3)当桥下净空许可时,可在墩台之间设置拉杆承受推力,限制水平位移。对于多孔拱桥,要注意各孔之间的推力平衡,如图4-19所示。

(4)当拱脚前有一定的填土时,可在台前加建新的扩大基础,并将改建为变截面的拱肋支承到新基础上。新老基础之间用钢销进行连接,有条件时在台前新基础下设法增加几根短桩,以提高承载力。新基础既增加了竖向承载力和水平方向承载力,又加强了拱肋断面,使之成为变截面拱肋,如图4-20所示。

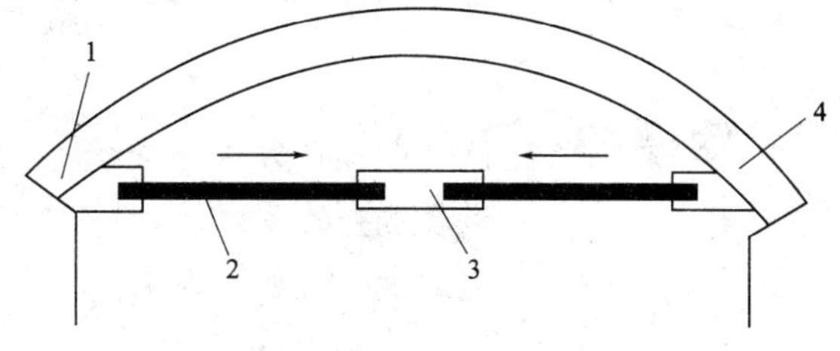

图4-19　墩台之间设置拉杆

1-拱座;2-钢拉杆;3-花篮螺钉;4-锚固支座

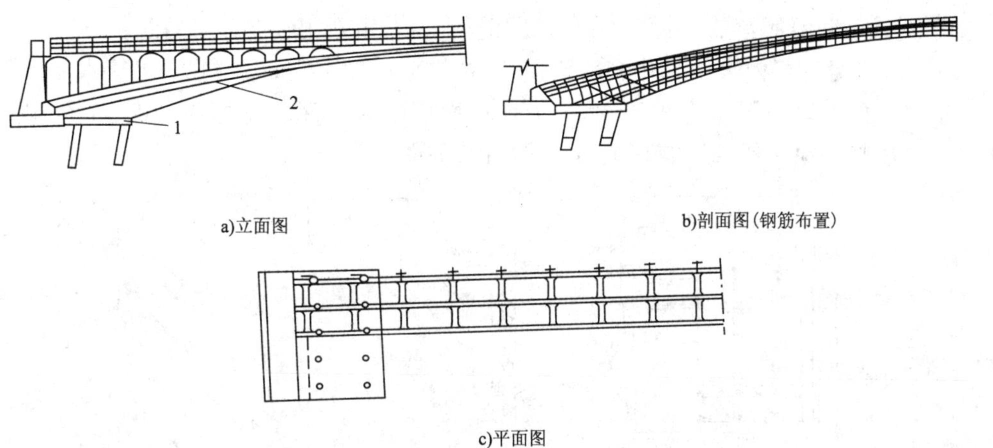

a)立面图　b)剖面图(钢筋布置)

c)平面图

图4-20　桥台前加建新的扩大基础加固法

1-新增基础;2-加固拱肋

四、基础受冻而损坏

严寒地区,冬季冰层厚度变化易造成浅桩冻拔,深桩环状冻裂。如桩基周围冰层较厚,可打入套管或板桩,中间填以保温材料;亦可将冰冻线以上(墩台周围)用矿渣换填。

五、墩台基础沉降的加固

若桥梁墩台发生了较明显的沉降、位移,除按前述方法加固墩台外,还可采用下述方法使上部结构复位。

(1)梁式桥上部结构状况基本完好,桥面没有损坏,下部地基较好时,可对上部结构整体或单孔顶升,然后加设垫块,调整支座。

(2)梁式桥上部结构状况基本完好,但桥面损坏严重时,可凿除桥面及主梁之间的连接,将主梁逐一移位,加厚盖梁,重新安装主梁,并重新铺装桥面。

(3)拱桥桥台发生位移,使拱轴线变形较大,承载能力不足时,可采用顶推方法调整拱轴线,恢复其承载能力。

第二节　墩台养护与加固

知识点

桥梁墩台日常养护与维修；

墩台检查的方法；

桥梁墩台的加固方法。

一、桥梁墩台日常养护与维修

(1)保持墩台表面整洁,及时清除墩台表面的青苔、杂草、灌木和污物。

(2)对发生灰缝脱落的圬工砌体,应清除缝内杂物,重新用水泥砂浆勾缝。

(3)墩、台身圬工体表面风化剥落或损坏时,损坏深度在3cm以内的,可用水泥砂浆抹面修补,砂浆强度等级一般不应小于M5。当损坏面积较大且深度超过3cm时,不得用砂浆修补,而须采用挂网喷浆或浇筑混凝土的方法加固,如图4-21所示。

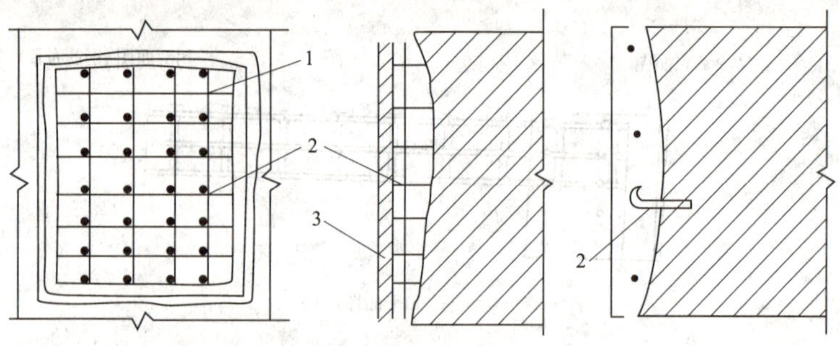

图4-21　混凝土缺损修补

1-钢筋网;2-牵钉;3-模板

(4)圬工砌体镶面部分严重风化和损坏时,应用石料或混凝土预制块补砌、更换,新老部分要结合牢固,色泽质地应与原砌体基本一致。

(5)墩台身圬工砌体的砌块如出现裂缝,应拆除后重新砌筑。

(6)墩、台表面发生侵蚀剥落、蜂窝麻面、裂缝、露筋等病害时,应采用水泥砂浆或混凝土修补。因受行车振动影响,不易用水泥砂浆补牢的,应考虑采用环氧树脂或其他聚合物混凝土进行修补。用混凝土修补一般有直接浇筑、喷射及压浆等几种方法。浇筑之前,应先把墩台上的蜂窝或空洞缺陷部分尽可能凿除,同时对混凝土修补部位进行凿毛处理,并使老混凝土表面保持湿润、清洁、不沾尘土。然后马上在钢筋和其周围的混凝土上涂一层水泥浆液或其他胶粘剂,如采用1:0.4的铝粉水泥浆液、1:1的铝粉砂浆、环氧胶液等,在这些浆液涂抹后尚未凝固时,即可立即浇筑上新的混凝土,同时在浇筑混凝土以后尽可能将之捣实。图4-22为混凝土墩台中产生蜂窝的修补示意,修补全部结束后,对修补部分要加强养护。

(7)当墩、台混凝土产生裂缝时,视裂缝大小分别采取下列措施:

①当裂缝宽度在限值范围内时,见表2-8,可进行封闭处理,一般涂刷环氧树脂胶;

②当裂缝宽度大于限值规定时,应采用压力灌浆法灌注环氧树脂胶或其他灌缝材料;

③当裂缝发展严重时,应加强观测,查明原因,按照相应规定进行加固处理。

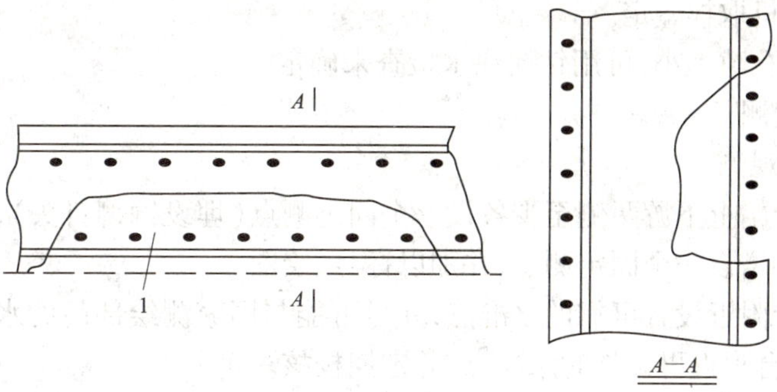

图4-22　混凝土墩台中产生蜂窝的修补

1-凿除产生蜂窝的混凝土

二、墩台检查方法

1. 墩台裂纹检查方法

桥梁建成一年内每半年及建成一年后每年应对墩台混凝土进行一次裂缝观测，对发现的裂缝应测量其宽度和长度，记录其位置。对裂缝宽度大于0.2mm者，应测量裂缝的深度。

(1)在裂纹的起点和终点，用红油漆和红铅笔与裂纹相垂直画线，并注明检查日期和裂纹编号。

(2)选择裂纹平直的位置作为读数显微镜测量裂纹宽度的固定地点，量出裂纹宽度。

(3)量出裂纹的部位、走向、宽度、长度、分布情况及特征，用坐标法绘制裂纹展示图，记录检查日期及气温。

(4)检查裂纹深度：当裂纹较浅时，可在裂纹中注射酚酞溶液，然后开凿至不显示红色为止，测量其深度即裂纹深度。酝酿溶液用0.1g酚酞，60mL酒精，40mL水配置。当裂纹较深时，采用超声波测量其深度。

(5)墩台两侧有明显对称裂纹时，应检查裂纹内外是否贯通。其方法是将裂纹清洗干净封闭，在适当的对应部位的两侧安装压浆嘴，从一侧压浆嘴通入压缩空气，在另一侧压浆嘴上抹以肥皂水，如微微起泡或鼓起，则表明裂纹内外贯通。

(6)选择适当部位作灰块或玻璃测标，测标做法如下：

灰块——将该部位圬工表面凿毛洗净，然后用1:2的水泥砂浆或石膏在裂纹上抹厚10～15mm的方块或圆形灰块；

玻璃测标——用石膏将细条状玻璃固定在裂纹两侧，裂纹处玻璃断面应较小。

(7)观测宽大裂纹在活载作用下有无张合现象。在裂缝处安装杠杆式引伸仪测量。

(8)同时检查裂纹附近混凝土有无疏松、剥落、空洞、蜂窝等不良现象。

(9)视裂纹发展情况作定期检查：对照记录和标记，观测裂缝长度、宽度和深度的发展情况；观测测标是否开裂或折断；如有新生裂缝，按前述方法办理。

2. 墩台混凝土内部孔隙检查

(1)小锤轻敲：一只手按住圬工表面，另一只手用小锤在圬工面上轻敲，如有空闷或手感振动较大且浮而不实，或振动传来声音不连续，则表示内部有破损或中空。

(2)用非金属超声探测仪器检查。

(3)用岩石钻机取样鉴定。

(4)圬工内部孔隙大小,可用钻孔注水检查来确定。

3. 墩台变位观测

(1)墩台下沉观测

①在每个墩台帽上下游两侧至少各设一个固定测点(埋设铜铆钉头),特大桥或特别重要的桥梁在墩台中心增设一个固定测点,并加以标号、绘图。

②在桥头两岸附近设置可靠的水准点,并尽可能与国家测绘部门的水准点相联系。为方便使用,也可在桥台附近再设临时水准点,并定期校核。

③用精密水准仪和配套设备定期测量墩台各测点高程,并将每次测量结果与以往资料进行比较。测量应选择在无风及阳光弱时进行。

(2)墩台倾斜与位移检查

①在桥梁两端路基中心各设置桥梁中线桩(可与水准点共用),用经纬仪测量检查。如发现某一墩台上的中心线桩偏离桥梁中心线,说明该墩台平面位置已发生变化。

②测量墩台倾斜可用经经纬仪和横放的水准尺进行测量,也可用预先在墩台顶面埋设相互垂直的长水准器,其水泡移动的刻度即为墩台倾斜的程度。基础情况不明的墩台,在有重车通过的情况下,如水准器水泡位置变化较大,则表明墩顶位移较大,这往往是基础有病害,应对基础进行挖探检查。

③测量两相邻孔(简支梁)或两联(连续梁)支座中心线间的距离或梁与挡土墙间距离的变化,拱桥测量伸缩缝宽度的变化,可判断墩台有倾斜和位移。当设有固定支座的桥台位置变化时,相邻墩台上梁的活动支座的轴承座就会离开其正常位置;当设有固定支座和活动支座的桥墩位置有移动时,其固定支座和桥墩一起移动,而该墩和邻墩上的活动支座就会离开其正常位置。使用该法时,必须区别开支座本身病害产生的不正常位移和活动支座因温度变化、梁跨伸缩引起的正常位移。当支座上、下锚栓发生剪断和弯折时,一般说明墩台已发生位移或倾斜。

④观测桥上中线的方向、水平、高低等的变化情况,也可判别墩台有无变化。如墩台下沉,中线就会发生沉落;墩台倾斜,会引起中线平面上的弯曲。

⑤对已发现墩台有倾斜和位移的桥梁,应定期丈量桥梁长度及各墩台间距离,同时,测量墩台的高程。

三、桥梁墩台的加固方法

(1)由于活动支座失灵而造成墩台拉裂,应修复或更换支座,并处理裂缝。

(2)墩身发生纵向贯通裂缝时,可用钢筋混凝土围带、粘贴钢板箍或加大墩台截面的方法进行加固。图 4-23 为采用加大桥墩截面的方法进行加固。

(3)因基础不均匀下沉引起墩、台自上而下的裂缝,则应先加固基础,再采用灌缝或加箍的方法进行加固。加固时,一般在墩身上、中、下部分分设三道围带,其间距应大致相当于桥墩侧面的宽度。每个围带宽度,则根据裂缝情况和大小而定,一般为墩台高度的 1/10 左右,厚度采用 10 ~ 20cm。为加强围带与墩台的连接,应在墩身内设置直径 10 ~ 25mm 的钢销,埋入深度为钢筋直径的 20 倍左右,把围带的钢筋网扣在钢销上,埋钢销的孔眼要比销径大出 15 ~

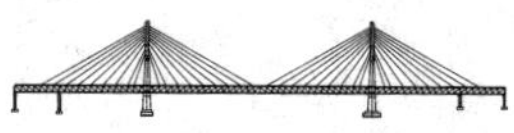

20mm，先填满销孔再浇注混凝土，同时填塞裂缝，如图 4-24 所示。

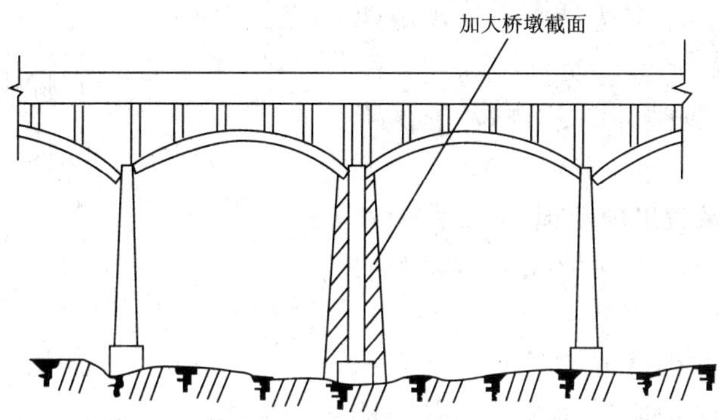

图 4-23 加大桥墩截面加固

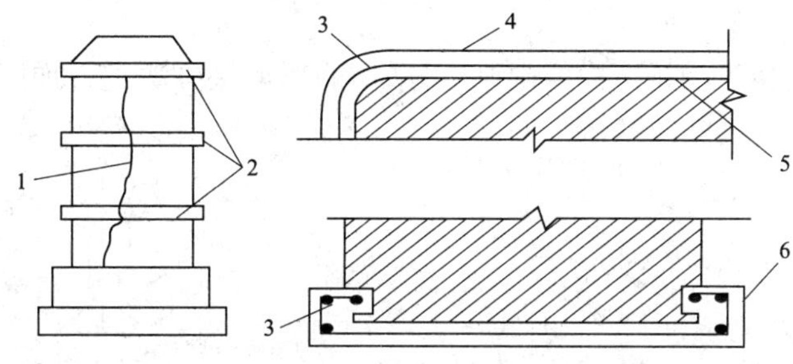

图 4-24 围带加固

1-桥墩裂缝；2-钢筋混凝土围带；3-钢筋；4-桥墩环形围带；5-牵钉；6-桥台 U 形围带

(4)U 形桥台的翼墙外倾时，可在横向钻孔加设钢拉杆，钢拉杆固定在翼墙外壁的型钢或钢筋混凝土梁柱上。

(5)当墩台损坏严重，如有严重裂缝及大面积表面破损、风化和剥落时，或砌石圬工的旧墩台表面破损时，一般可用围绕整个墩台设置钢筋混凝土“箍套”的方法进行加固，其尺寸应能满足通过“箍套”传递所有荷载或大部分荷载的需要。然后，再改造墩台顶部，灌筑支承于“箍套”上新的混凝土，形成强度较大的钢筋混凝土板以代替旧的支承垫石，如图 4-25 所示。

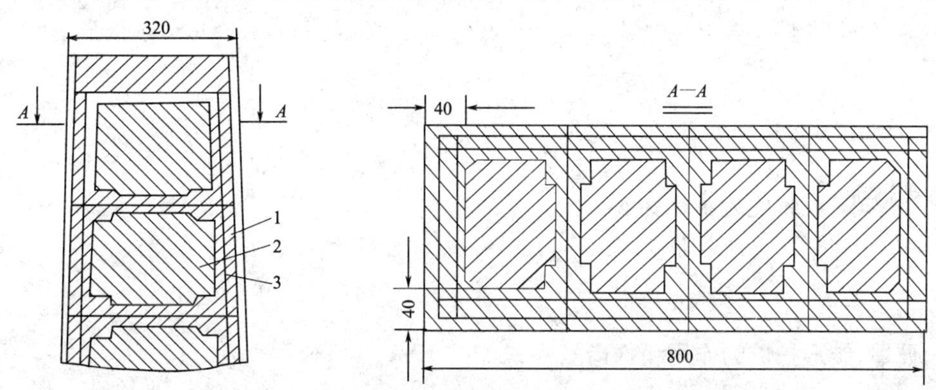

图 4-25 用钢筋混凝土箍套加固桥墩(尺寸单位:cm)

1-箍套间的拉杆；2-墩台圬工；3-箍套

(6)对于多跨拱桥，为预防因其中某一跨遭到破坏使整体失去平衡而引起其他拱跨的连锁破坏,可根据具体情况,对每隔若干拱跨中的一个支墩采取加固措施。其方法是在支承墩两侧加斜向支撑(图4-26)和加大该墩截面(如图4-23),使得在一跨遭到破坏时,影响若干拱跨而不致全部毁坏。

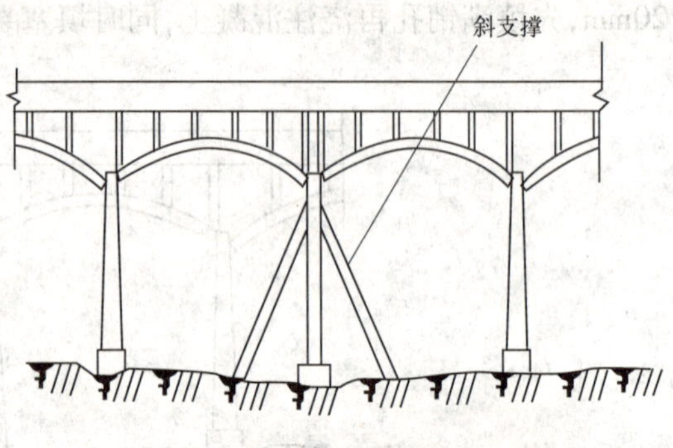

图4-26 斜支撑加固

(7)钢筋混凝土墩台出现缺损,而墩台身处于常水位以下时,可根据不同情况采用围堰抽水或水下作业的方法进行修补。

(8)当由于各种原因造成墩身损坏且损坏不严重时,可采用墩侧护墙加固法。此方法是在墩身外围浇一层20cm厚的C20钢筋混凝土墙,使原有桥墩得到保护并加固,如图4-27所示。

(9)对拱桥桥墩,由于受桥下净空限制,可采用静压加桩方法进行加固。此方法是在原桩附近用静压方法置入一短桩,然后做一个小承台,从而达到加固之目的,如图4-28所示。

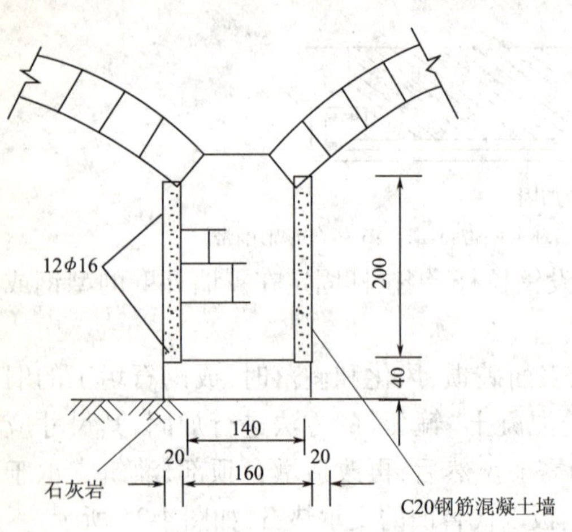

图4-27 墩侧护墙加墙加固法(尺寸单位:cm)

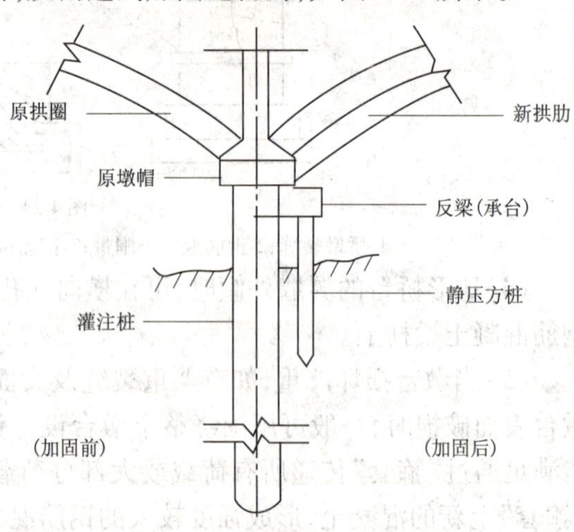

图4-28 静压桩加固法

第三节 锥坡、翼墙养护

知识点

锥坡的养护要点;
翼墙的养护要点。

一、翼墙、锥形护坡的作用和构造

(1)翼墙、锥形护坡的作用

翼墙、锥形护坡是用来连接桥台和路堤的防护建筑物,它的作用是稳固路堤,防止水流的冲刷。

(2)翼墙、锥形护坡的构造

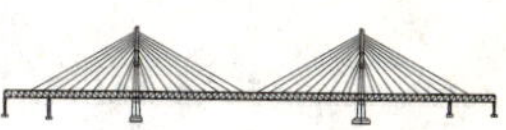

翼墙设于桥台两侧，在平面上形成“八”字式或端墙式等多种形式。图4-29所示为“八”字形翼墙，其立面上为一变高度的直线墙，其坡度变化与台后路堤边坡的坡度相适应，翼墙的竖直截面为梯形，翼墙顶设缘石。翼墙一般为浆砌片石或浆砌块石结构。根据地基情况，翼墙基础采用浆砌片石或片石混凝土。

锥坡底一般为椭圆形曲线，锥体坡面沿长轴方向与路基边坡相同，一般1:1.5，沿短轴方向为1:1，锥体坡顶与路基外侧边缘同高，如图4-30所示。

图4-29　翼墙实例图

图4-30　锥坡实例图

当台后填土高度大于6m，路堤边坡采用变坡时，锥坡也应作相应变坡处理，以相配合，如图4-31所示。

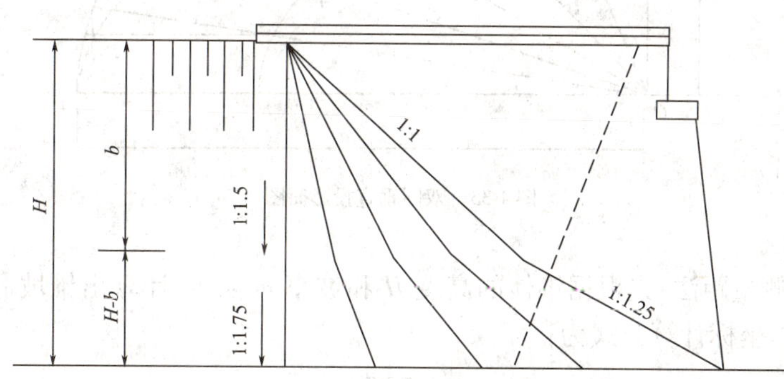

图4-31　$H>6$m 锥坡的变坡处理

锥坡内部用砂土或卵砾石填筑夯实，表面用片石干砌或浆砌，一般砌筑厚度为20~35cm。坡脚以下根据地基情况及流速大小设置基础，或将坡脚伸入地面以下一段，并适当加厚趾部，如图4-32所示。

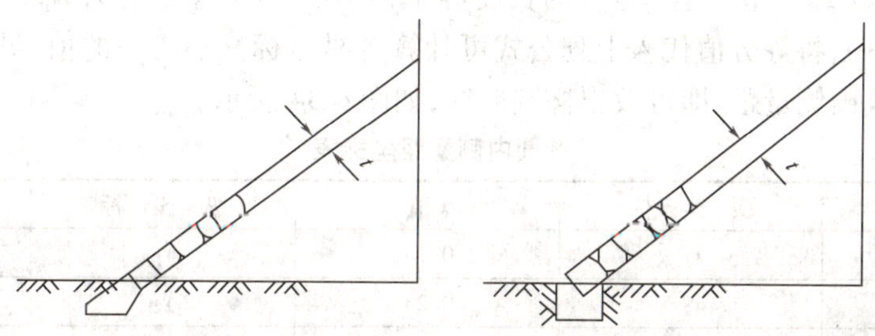

图4-32　片石护坡及基础处理

在受水流冲刷影响的地方，锥体可以考虑采用铺盖草皮后干砌片石网格代替满铺的片石铺砌,也可以将锥坡的下段用片石满铺,但上段铺草皮,以节约圬工数量。

二、锥形护坡的放样

锥形护坡常用的放样方法有图解法、直角坐标法。

1.图解法

双圆垂直投影图解法:根据锥体的高度 H 和坡率 m 及 n 计算出锥坡底面椭圆的长半轴 a 和短半轴 b,从桥台前墙角点 E 沿纵向量取短半轴 b 值的 O 点,以 O 为圆心,以 a 和 b 为半径,画出 1/4 同心圆,然后将圆同分成若干等份,由等分点 1、2、3、…分别与圆心相连,得到若干条径向直线,从各条径向线与两个圆周的交点互相垂直交于 P_1、P_2、P_3 等点,为椭圆上的点,连接 E、P_1、P_2、P_3、…、F 即为所需 1/4 椭圆曲线。如图 4-33 所示。

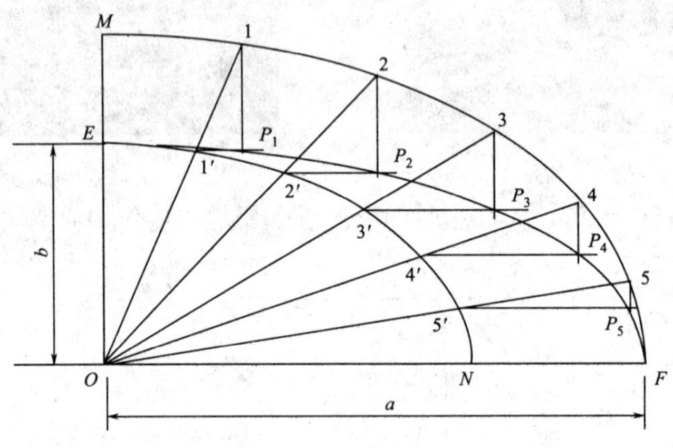

图 4-33 双圆垂直投影简图

2.直角坐标法

椭圆曲线内侧量距法:先根据锥体的高度 H 和坡率 m 及 n,计算出锥坡底面椭圆的长半轴 a 和短半轴 b。坐标计算公式为:

$$x = na$$

$$y = b\sqrt{1 - n^2}$$

式中:n——等分值,若长半轴等分 10 份,则 $n_1 = \frac{i}{10}$,$i = 1$、2、3、…、10。

一般把 a 分成 10 等份,每一等份的长度等于 $a/10$。第一等分值为 $n_1 = 1/10$,$n_2 = 2/10$,以此类推 n_3、n_4、…,将等分值代入上列公式可计算各纵坐标 y_1、y_2、…的值,见表 4-2。由此坐标值,从椭圆曲线内侧量距,即可放出椭圆曲线,如图 4-34 所示。

椭圆内侧量距坐标表　　表 4-2

等分 n 值	横坐标	x 值	纵坐标	y 值
1/10	x_1	$0.1a$	y_1	$0.995b$
2/10	x_2	$0.2a$	y_2	$0.980b$
3/10	x_3	$0.3a$	y_3	$0.954b$
4/10	x_4	$0.4a$	y_4	$0.917b$
5/10	x_5	$0.5a$	y_5	$0.866b$

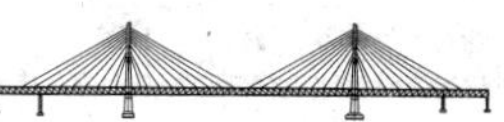

续上表

等分 n 值	横　坐　标	x 值	纵　坐　标	y 值
6/10	x_6	$0.6a$	y_6	$0.800b$
7/10	x_7	$0.7a$	y_7	$0.714b$
8/10	x_8	$0.8a$	y_8	$0.600b$
9/10	x_9	$0.9a$	y_9	$0.436b$
9.5/10	$x_{9.5}$	$0.95a$	$y_{9.5}$	$0.312b$
10/10	x_{10}	a	y_{10}	0.000

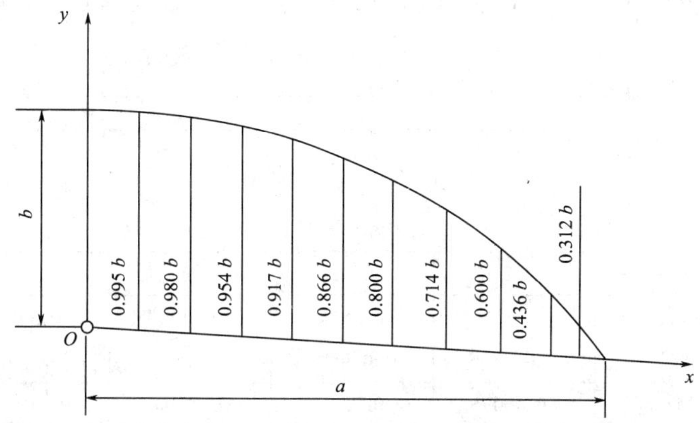

图 4-34　椭圆曲线内侧量距简图

(1)椭圆曲线外侧量距法

在桥梁施工有时会将弃土堆在锥坡内，此时内侧量尺发生困难，则可在椭圆形曲线外即 OF 轴对面的平曲线 ED 上，如图 4-35 所示。按直角坐标值测定曲线上各点，其坐标计算公式为：

$$x = na$$

$$y = b\left(1 - \sqrt{1 - n^2}\right)$$

为了校核 ED 线长度和方向是否正确，可用皮尺连 EF 和 DF，构成直角三角形 EFD 定出 D 点。

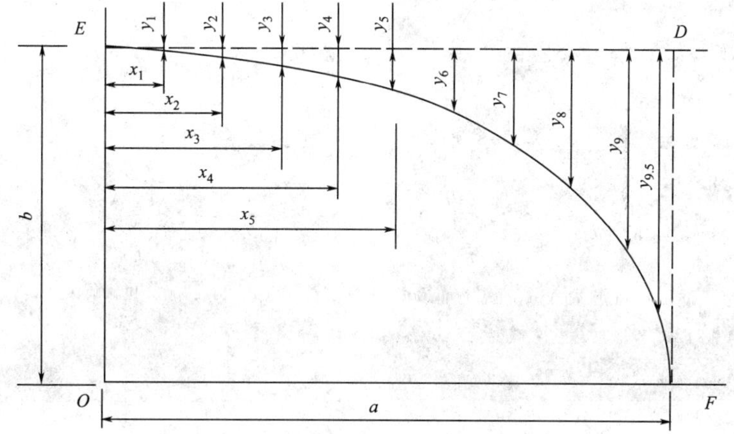

图 4-35　椭圆曲线外侧量距简图

(2)对角线上量距法

有时按上述方法量距遇障碍时,很难确定出 y 值,可以 AB 连接为基线,分 AB 线为 10 等分,在此线上由 B 点量出 n_c 距离,并在平行于 OB 轴线方向量 y_n 值得 p_n 点,$y_n = b(\sqrt{1-n^2}+n-1)$,用同样的方法定出各点,连接曲线,如图 4-36 所示。曲线上各点的坐标值如表 4-3。

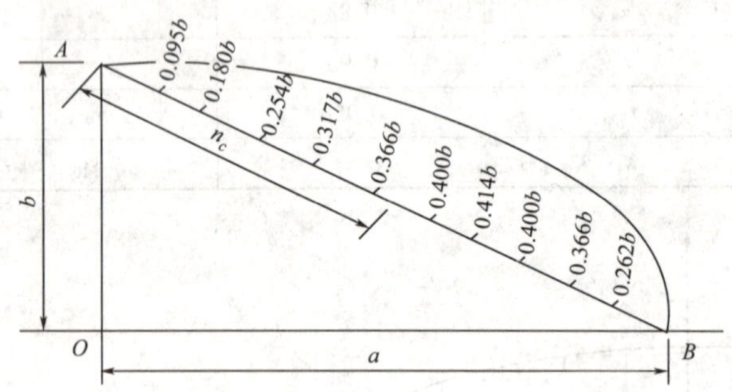

图 4-36　对角线上量距简图

对角线上量距法　　表 4-3

距 B 点距离	0.1c	0.2c	0.3c	0.4c	0.5c	0.6c
纵向 y_n 值	0.095b	0.180b	0.254b	0.317b	0.366b	0.400b
距 B 点距离	0.7c	0.8c	0.9c	0.95c	A 点	
纵向 y_n 值	0.414b	0.400b	0.336b	0.262b	0	

三、锥坡的保持

锥坡应保持完好。锥坡开裂、沉陷,受洪水冲空时,应及时采取措施进行维修加固,如图 4-37 所示。对于时间较久引起的勾缝砂浆脱落,可及时进行重新勾缝处理,但要及时养护。对锥坡开裂、沉陷或洪水冲空等病害,要先夯实锥坡内的土体,注意要分层夯实,然后再砌筑砌体。同时注意,锥坡与路肩或地面的连接必须平顺,以利排水,避免砌体背后冲刷或渗透坍塌。

a)

b)

图 4-37　锥坡破坏

翼墙出现下沉、断裂或其他损坏时，应及时维修加固，或拆除重新修建，如图4-38所示。

a)翼墙开裂

b)翼墙开裂

c)翼墙下沉

d)翼墙裂缝

e)翼墙损坏

图4-38 翼墙破坏

四、锥坡、翼墙的日常养护与维修

锥坡、翼墙的养护与维修，主要有以下几个方面的内容：

1. 基础局部冲刷悬空的处治

涵洞基础局部悬空，必须立即修补。修补时，可用水泥砂浆砌筑片石或片石混凝土填实，一般应比原来基础加宽 10 ~ 20cm。

2. 砖、石、混凝土端墙和翼墙外倾、鼓肚或倾斜的处治

(1)由于填土夯实不足而沉落挤压或填土中水分过大土压力增大而造成的外倾或鼓肚，应挖开填土，修理外倾部分或鼓肚部分，更换填土，认真回填夯实。

(2)因为基础不均匀沉陷而发生倾斜时，应先处理基础，一般可用更换土壤或扩大基础的方法加固，然后再维修倾斜部分。

3. 砌体勾缝松动、脱落的处治

砌体松动、脱落，易引起多种病害，必须及时处治。在处治时，应做到以下几点：

(1)凿掉破损勾缝；

(2)凿毛结合处的旧勾缝；

(3)修补部分必须刷洗干净；

(4)按原结构修补，并注意材料质量和施工质量，保证坚固。

4. 砌体表面风化剥落的处治

砌体表面风化剥落、影响其结构强度的，必须及时处治，保持完好。处治时，达到如下要求：

(1)清除酥松部分，刷洗干净；

(2)用原结构材料修补剥落部分；

(3)凿毛、清洗(湿润)封闭表面；

(4)采用高标号水泥砂浆封面。一般喷浆厚度为 1 ~ 2cm，抹面厚度为 2cm，均应分 2 ~ 3 次进行，每天以一次为宜。

此种病害的处治面较大，一般不会在一个面上，甚至是砌体的全部表面，所以应注意处治面的对称，使结构强度一致、美观。

5. 砌体面层块石或混凝土预制块松动脱落的处治

圬工面层砌块因水流或漂浮物冲击、人为撞损、施工不良等原因造成的砌体表层个别或局部砌块松动时，必须及时修补，以保持砌体结构应有的强度。修补时，应注意以下几点：

(1)清除松动脱落部分，冲洗干净。

(2)按原结构修补完整，如松动脱落部分的内部有洞穴时，应先行处理，将空洞清除冲洗干净，压注水泥砂浆，并用石块填实，再修理面层。

(3)修补勾缝。勾缝要求规范，其目的是美观、防水，减少砌体遭受侵蚀，增强砌体的整体性。砌体勾缝除设计规定外，一般可采用凸缝或平缝。

一般要求缝宽和缝高一致。缝宽的选择以石块大小决定，石块越大缝宽越大，一般 3 ~ 5cm 为宜。太小的石块，勾缝后太近，可以做平缝。缝高也是如此，由石头大小决定，一般高于石面 0.5 ~ 1.0cm 厚。石砌休的勾缝砂浆应嵌入砌缝内约 2cm(深度)。干砌片石勾缝，应嵌

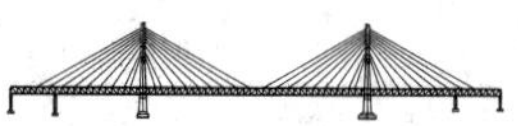

入砌缝2cm(深度)。

6. 锥坡沉陷破损的处治

由于填土不实或基础不均匀沉陷而产生的锥坡沉陷破损,应根据不同情况做如下处理:

(1)对基础的不均匀沉陷,应挖开处理,一般可根据基底土质,采用扩大基础的办法,将原基础外侧洗刷干净,按原结构加宽20~40cm,新旧部分必须结合坚固。处治时,也可采用更换基底土并重建基础的方法,修复锥坡,并应注意做好夯实填土,砂砾垫层、砌石和勾缝。

(2)由于填土不实引起的锥坡沉陷破损,修复时必须仔细夯实。如土质不好时,还应掺拌或更换较好的土质。

7. 砌体出现小洞穴的处治

由于施工时偷工减料,往往当勾缝脱落时,砌缝间出现小洞穴,一般可做如下处理:

(1)砌体尚未发生变形时,先将洞穴的酥松部分凿除,冲洗干净,用压注法把水泥砂浆或混凝土注入洞穴内填补密实,再修补勾缝。

(2)砌体已局部变形时,应将变形部分拆除,先处治洞穴,按原结构修复,再修补勾缝。

(3)砌体的某个部位已严重变形时,应拆除后,按原来结构修复。并注意做新旧结合处接头处理,同时,在施工中做好安全防护。

8. 裂缝的处治

将裂缝附近凿开,洗刷干净,用水泥砂浆修补密实、平整。裂缝较深时,冲洗干净后,把水泥砂浆压注缝内,并修理平整,必要时,压注环氧砂浆。

9. 水毁防治

水毁后应先用草袋或石笼防护,以免造成桥台(涵)水毁,待雨季过后再及时修复。锥坡填料必须夯实,砌体要勾缝;基础冲空时,应先填实,并根据冲刷深度加做护基。翼墙、锥坡全毁时,应分析原因,雨季过后再进行重建。

第五章　通道、跨线桥与高架桥养护

知识点　通道的养护；
跨线桥与高架桥的养护。

一、通道的养护

（1）通道桥下是有行人或车辆辆通行的，如图5-1所示，因此在进行结构或道面维修时宜维持行车与行人，但应有严格的安全措施，其上下结构及桥面养护与一般公路桥梁相同，参照前面有关章节的规定。

a)通道正面

b)通道侧面

图5-1　通道

（2）通道混凝土出现裂缝、渗水，可按下列方法进行修理：

①混凝土表面的细裂缝和网状裂缝可采用涂抹或喷涂的方法修补，也可加罩新面层。加罩面层前，应将原混凝土表面凿毛。

②用嵌填法堵漏时，先将裂缝凿成深度不小于3cm、宽度不小于1.5cm的V形槽，清理干净后，用水泥胶浆或石棉膨胀水泥填实，厚度为1.5cm。经检查无漏后，再用抗渗水泥砂浆填平余下的1.5cm。

③当渗漏严重时，宜采用注浆堵漏，或采用其他可靠的堵漏方法。

（3）通道的沉降缝或连续止水带应保持完好，定期更换，有破损时应及时更换，如图5-2所示。

（4）采用自然排水的通道的沟管一般较长，纵坡偏小，容易积水和淤砂。应经常养护清理，特别是进水口 沉砂井和出水口必须保持完好状态，使水流畅通。洞内排水明沟每星期应清扫一次，洞内排水暗沟每季度应疏通一次。

图 5-2　沉降缝的处理

(5)采用机械排水的通道,其排水泵、阀及其他设备、排水管道应保持功能完好、运转正常,并作定期检修。

①水泵的定期维修应符合下列规定:

抽流泵累计运行 3000h、离心泵累计运行 4000h、混流泵及潜水泵累计运行 5000h、不经常运行的水泵每隔 3 年,均应解体维修。

水泵维修后,其流量不应低于设计流量的 90%。

②泵房应配备备用泵一台,泵房蓄水池每季度应清捞污泥一次,泵房内的电器、机电设备及水位仪等应每年校验一次。

③其他配套设施如集水井、沉淀池(井)应经常清淤,排除杂物,以防堵塞管道。

(6)对设有照明设施的通道,应保持照明设备处于完好状态,照明灯具和输电线路若有损坏应及时更换、修理。

(7)通道应设置明显的限高标志并保持完好,如图 5-1 所示。通道端面应涂设立面标记,并保持颜色鲜明,一般每年涂刷一次。

二、跨线桥与高架桥的养护

(1)跨线桥、高架桥的上、下部结构及桥面的养护维修与一般公路桥梁相同,如图 5-3 所示,可参照有关桥梁养护与加固章节的规定执行。

(2)采用封闭式排不系统的跨线桥、高架桥,应保持排水系统完好。将桥面水按规定的方向和地点排出,防止桥面水向下行道任意溢流、渗漏。

(3)桥上防撞墙、护栏应保持清洁完好。对于金属护栏,每年要进行油漆,防止锈蚀损坏。

(4)跨线桥、高架桥上的防抛网,隔音墙应保持完好、整洁,及时清除垃圾等杂物,并修理或更换损坏部件,如图 5-4 所示。

(5)注意加强对跨线桥、高架桥桥孔的检查和管理,桥孔下不能被任意占用或违章堆物,发现问题应及时处理。

(6)跨线桥、高架桥桥上的照明设施应保持完好,照明器具和输电线路若有损坏,应及时修理或更换。

(7)跨线桥与道路交叉部分应设限高标志并保持完好。跨线桥的墩柱及侧墙端面应涂设立面标记，并保持颜色鲜明，一般每年涂刷一次。

a)　b)　c)　d)

图 5-3　跨线桥

图 5-4　防抛网

三、通道、跨线桥和高架桥的加固

通道、跨线桥和高架桥的加固，可根据桥梁结构类型和损伤情况，参照桥梁养护与加固的方法进行，本节不再赘述。

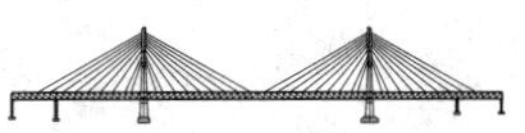

第六章　超重车辆过桥措施

知识点

超重车辆过桥的一般规定；
超重车辆过桥的检算及荷载试验；
超重车过桥时的加固措施；
超重车辆过桥的技术管理。

一、一般规定

(1)超重车辆是指大于桥梁设计荷载标准及公路管理部门公布的限载量，必须采取技术措施方可通过桥梁，经过公路管理机构审批同意在指定的公路上行驶的特殊车辆。

(2)组织超重车辆安全通过桥梁的技术、管理措施有：

①收集查找桥梁技术档案，现场查看桥梁状况，依据桥梁的技术资料，按超重车辆的实际荷载，对结构进行强度、稳定性、刚度检算。

②必要时进行荷载试验，以判断桥梁的承载能力。

③对不能满足通行条件的桥梁进行加固处理。当有多条线路可通行时，应选取桥梁技术状况好，加固工程费用较低的路线通过。

④对超重车辆通过桥梁进行现场管理。

二、超重车辆过桥的检算及荷载试验

(1)对超重车辆所要通过的所有桥梁，均应按桥涵设计规范进行必要的计算，以确定需要进行加固的桥梁及需加固的部位及构件。

(2)对于计算所需的桥梁技术资料有以下要求：

①经批准的正式竣工文件。施工质量良好，使用时间不长时可直接采用竣工文件。

②无设计(竣工)资料或虽然有竣工资料，但施工质量不好，使用时间较长已经出现破损的，应以量测的桥梁实际状况为计算依据。

(3)结构检算应选取符合实际、安全可靠的计算图式。结构检算应包括上部结构、下部结构及地基等部分。

(4)当检查及检算不足以作出判定时，可进行荷载试验。加载大小应使试验的荷载效应与超重车通过的状况相近，一般只需按一组最不利位置布载。

(5)对已有荷载试验资料的桥梁，应将实测资料和计算结果进行综合分析，作出判断。

三、加固措施

1. 基本要求

(1)当桥梁承载力不足时,应对其不足部分如上部结构、下部结构、地基以至全桥采取经济合理、切实可行的加固措施。特大桥的加固宜至少提出两个加固方案进行经济技术比较。

(2)加固时应尽可能地采用易于实施及拆除,构件可回收利用的临时措施。

(3)当采用永久式或半永久式加固措施时,可与桥梁的技术改造及提高荷载等级一并考虑。

(4)桥梁通过加固仍无法达到通过超重车要求时,可在原桥址附近修建临时便桥及便道或新建桥梁,保证超重车通行。也可另选通过线路。

2. 加固方案

(1)小跨径梁桥和拱桥,在下部结构和地基承载力许可时,可在桥台处设临时支点,在桥面上临时架设钢板梁或钢桁梁桥跨越,以供超重车直接行驶通过。

(2)多跨桥梁当桥较长而无法采用全桥跨越时,若下部结构及地基承载力允许,可采用部分跨越法。在台、墩处的梁端部设临时支点架设钢梁,以减小临时钢梁跨度。

(3)板式小桥加固可对桥孔采用满樘支撑。例如2 孔 -4m 之类的小桥满樘支撑可由钢管立柱及工字钢纵横梁拼装而成,1 孔 -8m 之类的小桥满樘支撑可由万能杆件及工字钢纵横梁组成,以上两类板式小桥的桥横梁上放置圆板式橡胶支座,橡胶支座与板底的处理同中桥的处理方法。基础采用 25 号钢筋混凝土整体板,其下做两层 12% 石灰土基层。

(4)拱式小桥加固。对其桥孔采用满樘支撑,满樘支撑由钢管立柱、角钢三角架焊接而成,三角架与拱圈间满塞条木,条木应塞紧。考虑施工及结构情况,条木净距采用 60cm。基础采用 25 号钢筋混凝土整体板,其下做两层 12% 石灰土基层。对于桥下有流水的情况,则基础下灰土基层改为砂砾换填。基础施工前,应先将桥下淤泥清除至铺底。小桥由于桥下水流大且急,而且不能中断,因此满樘支架方案不宜施工,可改为加管满填砌砖。例如 1 孔 -6m、1 孔 -4m两座石拱桥涵加固。在原桥底铺砌层上现浇 60cm 厚 25 号钢筋混凝土底板,其上架立钢管支架,支架上设 20cm×20cm 的方木满布拱圈。其中,钢管支架分为两部分,拱上部分由槽钢压制做成钢拱架,拱下部分用 ϕ20cm 的钢管支撑,钢拱架与钢管支撑之间和钢管支撑与钢筋混凝土预埋件之间用螺栓连接,其余节点全部采用焊接。又如 1 孔 -5m 石拱桥采用套拱,在原桥铺砌顶设 50cm 厚 25 号钢筋混凝土底板,拱圈、台身内侧浇筑 25 号钢筋混凝土。拱圈浇筑厚度 30cm,拱圈、台身内侧每 50cm 打一个 15cm 深的眼。用环氧砂浆固定插入钢筋,以便与钢筋网绑扎,浇筑拱圈混凝土时,要留出压浆孔,待混凝土浇筑完毕,且达到一定强度时进行压浆,增强新旧拱圈之间的结合。

(5)梁板式大中桥梁上部结构的加固措施:充分利用板桥现有的承载能力进行加固板式桥采用满樘支撑,原板就由简支变为连续结构,支架顶的橡胶支座与板底只接触而不能顶紧,之所以如此,主要目的是使桥板自重由其自身承受,荷载由桥下的满樘支架承受,这样就可以减小支架的受力,充分利用桥板的承载能力,减小桥面板顶部的负弯矩。采用橡胶支座的原因是通过橡胶支座的压缩可变形之特点,在特载通过时能有效地减小板顶的负弯矩,根据加固

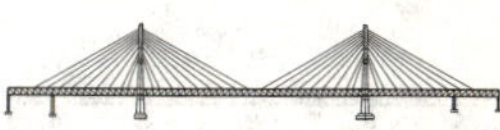

支撑情况，按多次超静定梁进行计算，此所谓“软接触加固法”。例如山东境内国道309线上阳河中桥加固，如图6-1所示，对其全部桥孔采用满樘支撑，满樘支撑由万能杆件及工字钢纵横梁拼装而成，横梁上放置球冠圆板式橡胶支座。满樘支架下基础为25号钢筋混凝土整体板，厚50cm，其下做30cm7.5浆砌片石+砂砾垫层。台后路基特载破坏棱体范围各修1孔-13m旱桥，桥头设置搭板。球冠支座与板底部应接触，支座与横梁间用钢板调节。由于桥下河床2m深范围内为淤泥质土，承载力不能满足大件车通过时支架立柱底部的应力要求，因此采用砂砾进行换填。桥头路基填土高达11m之多，特载通过时，经验算，台后破坏土体滑动面长度达20m，造成路基的稳定性破坏，而且，台桩强度也不能满足要求。因此，在台后破坏土体范围内修1孔-13m旱桥，台后特载的最不利位置后移，这样就可以保证桥头路基的稳定性和台桩的安全，如图6-2所示加固后超重车顺利通过。又如山东引黄中桥加固。对其全部桥孔采用满樘支撑，满樘支撑由螺旋钢管及工字钢纵横梁拼装而成，横梁上放置圆板式橡胶支座，如图6-3所示。橡胶支座与板底部应顶紧，支座与横梁间用钢板调节。由于桥下河床内有两层淤泥质土，承载力仅仅50kPa，不能满足大件车通过时支架立柱底部的应力要求，因此需进行地基加固。由于软弱层离地面较深，所以加固措施采用静压灌浆技术，将软弱层承载力提高至120kPa以上。满樘支架下基础为25号钢筋混凝土整体板，厚60cm，其下做30cm7.5浆砌片石+30cm砂砾垫层。台后路基内修1孔-10m旱桥，其桥头设置搭板，解决了桥台抗土压力不足的问题。特载通过时，台桩强度不能满足要求，台后可设U形台，但基础底部的应力不能满足要求，为此，在台后修1孔-10m旱桥，以保护桥头路基与台桩的安全，图6-4所示为加固后重车顺利通过桥梁。

图6-1　阳河中桥加固

图6-2　阳河中桥加固后大件通过

图6-3　黄济青桥上部加固详图

图6-4　黄济青中桥加固后

(6)大中拱桥上部结构的加固措施:拱式桥在采用满樘支架时,支架顶的条木应与拱圈顶紧,这是因为不能让拱圈变形。

(7)梁式桥跨径较大,或下部结构及地基承载力不足时,可另增加基础,采用竖向多点支撑法或八字支撑法进行加固。

(8)其他用于加固上、下部结构及地基的方法均可用于超重车过桥的加固措施之中。

四、超重车辆过桥的技术管理

(1)超重车辆过桥时,遵循以下规定:

①一般情况下,超重车辆应沿桥梁的中心线行驶。

②车辆以不大于5km/h的速度匀速行驶。

③不得在桥上制动、变速、停留。

④必要时可调整牵引车与平板挂车的行驶距离或让其分别通过桥梁。

⑤超重车辆过桥时,可酌情临时禁止其他车辆及行人通过。

(2)超重车辆过桥时,应观测桥梁各部的位移、变形、裂缝等,并予以记录。必要进,还应观测应变、反力等。

(3)不宜在行洪等可能发生灾害的时候组织超重车辆通过桥梁。

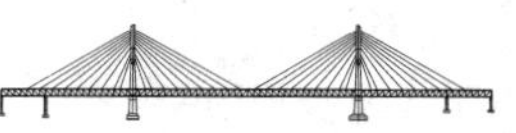

第七章　涵洞养护技术

知识点

涵洞养护的一般规定；
涵洞的检查、涵洞的日常养护、涵洞的维修与改建、涵洞的加固。

一、涵洞养护的一般规定

(1)涵洞是公路上数量很多,形式多样且分布很广的一种构造物,如图7-1所示。要确保涵洞行车安全、排水顺畅和排放适当,保持涵洞结构及填土完好,维护涵洞表面清洁、不漏水,必须认真做好涵洞的养护工作。

a)拱涵

b)拱涵

c)圆管涵

d)盖板涵

图7-1　涵洞

(2)涵洞养护工作的内容包括:经常检查和定期检查,日常养护、维修、加固与改建。

(3)涵洞开挖维修时,应维持好交通,并设立安全标志及护栏。

二、涵洞的检查

1. 经常检查

(1)经常检查每月至少进行两次,在洪水、冰雪前后及行洪期间应加强检查。

(2)经常检查包括:进水口是否堵塞,沉砂井有无淤积,洞内有无淤塞及排水不畅;洞口周围是否有杂物堆积,涵洞是否清洁、漏水;周围路基填土是否稳定和完整;涵洞结构是否有损坏。

(3)经常检查中发现有排水堵塞或有较大损坏需要进行维修的,应做好记录并及时报告。

2. 定期检查

(1)定期检查每年至少一次,在接到较大损坏情况的报告后应增加检查。

(2)定期检查的内容

①检查涵洞的过水能力,包括涵洞的位置是否适当,孔径是否足够,涵底纵坡是否合适。若过水能力明显不足,经常造成内涝及路基损毁的,应考虑改造。

②进水口铺砌、翼墙、护坡、挡水墙、沉砂井等是否完整,洞口连接是否平整顺适。

③出水口铺砌、挡水墙、翼墙、护坡等是否完整,排水是否顺畅。

④涵体侧墙是否渗漏水、开裂、变形或倾斜,墙身砌体砂浆是否脱落,石块是否松动,基础是否冲刷掏空。

⑤涵身顶部盖板或拱顶是否开裂、漏水、变形下挠,拱顶砌块是否松动脱落。

⑥涵底是否淤塞阻水,涵底铺砌是否完整。

⑦洞口附近填土是否有漏水、冲刷、空洞,填土是否稳定。

⑧涵洞顶路面是否开裂、下沉,行车是否安全。

(3)检查人员应当场填写"涵洞定期检查记录表",如表 7-1 所示。实地查明损坏情况,根据涵洞的技术状况及排水适应情况,参照桥梁技术状况评定标准相关结构类型,对涵洞的技术状况综合做出好、较好、较差、差、危险等五个级别的评定,提出日常养护、维修、加固、改建等建议。

涵洞定期检查记录表　　表 7-1

<table>
<tr><td colspan="2">1. 路线编码</td><td colspan="2"></td><td colspan="3">2. 路线名称</td><td colspan="2"></td><td colspan="2">3. 涵洞桩号</td><td colspan="2"></td></tr>
<tr><td colspan="2">4. 管养单位</td><td colspan="2"></td><td colspan="3">5. 涵洞类型</td><td colspan="2"></td><td colspan="2">6. 检查时间</td><td colspan="2"></td></tr>
<tr><td>7. 序号</td><td colspan="2">8. 部件名称</td><td colspan="5">9. 损坏或需维修情况描述</td><td colspan="5">10. 维修建议(方式、范围、时间)</td></tr>
<tr><td>1</td><td colspan="2">进水口</td><td colspan="5"></td><td colspan="5"></td></tr>
<tr><td>2</td><td colspan="2">出水口</td><td colspan="5"></td><td colspan="5"></td></tr>
<tr><td>3</td><td colspan="2">涵身两侧</td><td colspan="5"></td><td colspan="5"></td></tr>
<tr><td>4</td><td colspan="2">涵身顶部</td><td colspan="5"></td><td colspan="5"></td></tr>
<tr><td>5</td><td colspan="2">涵底铺砌</td><td colspan="5"></td><td colspan="5"></td></tr>
<tr><td>6</td><td colspan="2">涵附近填土</td><td colspan="5"></td><td colspan="5"></td></tr>
<tr><td colspan="4">11. 涵洞技术状况总评</td><td colspan="2">好</td><td colspan="2">较好</td><td colspan="2">较差</td><td colspan="2">差</td><td>危险</td></tr>
<tr><td colspan="2">12. 养护方案</td><td colspan="2">日常养护</td><td>维修</td><td colspan="2">加固</td><td colspan="2">改建</td><td colspan="3">13. 下次检查时间</td><td>年　月</td></tr>
<tr><td colspan="13">14. 备注</td></tr>
<tr><td colspan="2">主管负责人</td><td colspan="2"></td><td colspan="3">检查人</td><td colspan="2"></td><td colspan="2">检查时间</td><td colspan="2">年　月</td></tr>
</table>

三、涵洞的日常养护

(1)涵洞的口应保持清洁,发现杂物堆积应及时清除。涵洞内应保持排水畅通,发现淤塞应及时疏通。

(2)洞口和洞内如有积雪应尽快清除,并将其抛弃到路基边沟以外的适当地点。

(3)洞底铺砌、洞口上下游路基护坡、引水沟、汇水槽、沉砂井发生变形时,均应及时修理。

(4)涵底铺砌出现冲刷损坏、下沉、缺口应及时修复。路基填土出现渗水、缺口应及时封塞填平。

(5)涵底和涵墙出现渗漏水,应查明原因,分别采取下列方法处治:①疏通水道,使洞底铺砌与上下游水槽坡道平齐顺适;②保持洞内底面平顺,并有适当纵坡;③用水泥砂浆对涵底和涵墙重新勾缝。

(6)涵洞进水口的沉砂井和出水口的跌水构造,应适时检查其是否损坏,与洞口是否结合成整体,如有损坏或发现裂隙甚至脱离,应及时修复加固。

(7)浆砌石拱涵的砌体表面风化、开裂、灰缝剥落,局部石块松动、脱落,或砌体渗漏水,可分别按下列方法处理:①用水泥砂浆重新勾缝,或局部拆除后重砌;②表面抹浆或喷浆;③在砌体背后压注水泥砂浆或化学浆液;④加设涵内衬砌;⑤挖开填土,对砌体进行维修处治,并加设防水层。

(8)混凝土管涵的接头处和有铰涵管铰点的接缝处发生填缝料脱落,引起路基渗水时,应及时封堵处理。可用干燥麻絮浸透沥青后填实,或用其他黏弹性材料封堵,不得采用灰浆抹缝,以免再次脱落。

(9)压力式涵洞进水口周围路堤发现渗漏、空洞、缺口或冲刷现象时,应及时进行修补处理,如图 7-2 所示。

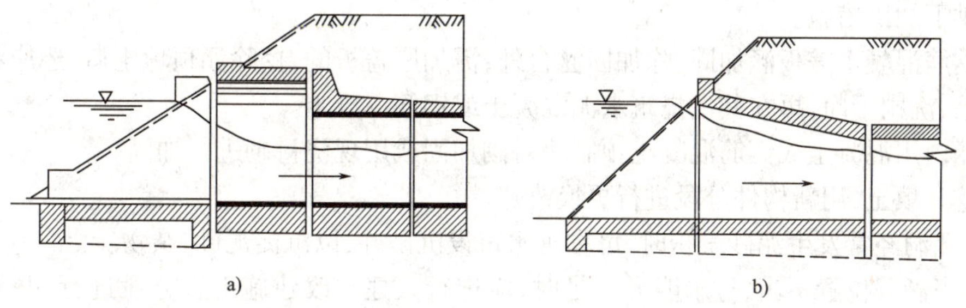

图 7-2 压力式洞口

(10)压力式倒虹吸管的管顶路面出现湿斑,应及时停止使用,挖开修理,更换软化的路基填土和破裂的管节。接头处必须填塞紧密。

(11)涵洞的日常养护维修,在开挖修理时,必须开设便道或采取半幅施工,设立标志、护栏,保障施工和行车安全。

四、涵洞的维修与改建

涵洞的维修与改建主要包括涵洞地基加固(严重冲刷的加固、地基沉降变形的处理)和涵洞的改造(接长、提高承载力)。其维修改建的内容与方法如下:

(1)涵洞严重冲刷时应增设防冲、减冲结构,也可以与沟渠的疏导整治结合进行。进、出水口处如已严重冲刷,可采用下列方法维修:

①位于陡坡上的涵洞或直接受水流冲击的涵洞,其入口处应采取适当的防护措施。

②用浆砌块石铺底,并用水泥砂浆勾缝。长度视土质和流速而定,铺砌的末端应设置混凝土或浆砌块石抑水墙。

③流速特别大的涵洞,应在出水口加设削力槛、削力池等。削力槛末端应设置混凝土或浆砌块石抑水墙或三级跳槛。

(2)当地基沉陷时,多采用换填夯实等加固方法。可采用下列方法维修:

①管涵的管节因基础沉陷而发生严重错裂时,应挖开填土处理地基,再重建基础。也可直接采用对地基及基础压浆的方法处理。

②有铰涵管如变形大于直径的1/20时,应查明原因进行处理。

③涵洞的侧墙和翼墙有倾斜变形发生,如因填土未夯实发生沉落,或填土中水分过多土压力增大而引起的,应更换透水性好的填土并夯实;如属基础变形引起的,则需要修理或加固基础。

(3)因加宽或加高路基导致涵洞长度不足时,应接长处理。

①一般可将原涵洞洞身接长,两端新建洞口端墙和路基护坡。

②当路基加宽、加高不多时,也可采用只加高两端洞口端墙或加高加长洞口翼墙的方法。

③接长涵洞一般用与原涵洞相同的结构形式。接长时应采取措施尽量减少新、旧涵洞段的不均匀沉降。

(4)当涵洞承载力不足时,一般采用加大结构尺寸及用新结构更换的做法进行加固或改建。可分别采用下列方法:

①对于砖石拱涵的加固,可采取拱圈上加拱措施。对于高填土、净空较大的砖石暗涵,也可采取拱下加拱措施。

②钢筋混凝土盖板涵加固,除加固涵台外,需加厚盖板的,挖除涵顶填土后,还应将原盖板表面凿毛、洗刷干净,再在其上浇筑水泥混凝土或钢筋混凝土。

③涵内用混凝土或钢筋混凝土预制块衬砌加固或用现浇衬砌进行加固。

④挖开填土,用新构件分段进行更换改建。

(5)涵洞经常发生泥砂淤积时,可在进水口设沉砂井,以沉淀泥砂、杂物。

(6)当涵洞位置不当,过水能力不足时,应进行改建。改建施工宜分段进行,并做好接缝的防水处理。

五、涵洞的加固

(1)圆管涵管节因基础被压沉而发生严重错裂,可采取挖开填土加固基础并重做砂垫层。

(2)钢筋混凝土盖板涵的加固,除加固涵台外,可将原盖板面凿毛,洗刷干净,再浇筑混凝土或钢筋混凝土,加厚盖板。涵台和基础的加固厚度不宜小于20cm,如涵台和洞底铺砌层完好且为重力式涵台时,亦可不加固。当盖板加固厚度小于8cm时,可浇筑不小于8cm厚的混凝土;若浇筑钢筋混凝土,应先钻孔埋入销钉,并与加固钢筋绑扎或焊接,再浇筑混凝土。还可采用碳纤维增强复合材料加固修补混凝土结构技术,利用专门配制的黏结剂,将碳纤维片粘贴

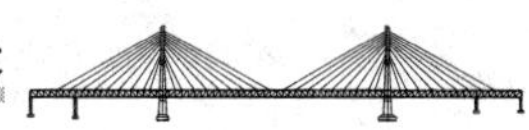

在混凝土构件需要补强加固的部位表面，使混凝土与碳纤维片形成共同体。

(3)承载力不足的涵洞，应予以加固或更换。如涵顶填土在3m以上时，一般不加固也可承受较大载重。当涵顶填土在3m以内时，石盖板可更换成较厚的盖板或钢筋混凝土盖板。亦可在涵台顶加一层石料做成悬臂式台以减小跨径，如图7-3所示，石料厚度一般为20～30cm，并用M7.5～M10的水泥砂浆砌筑牢固。

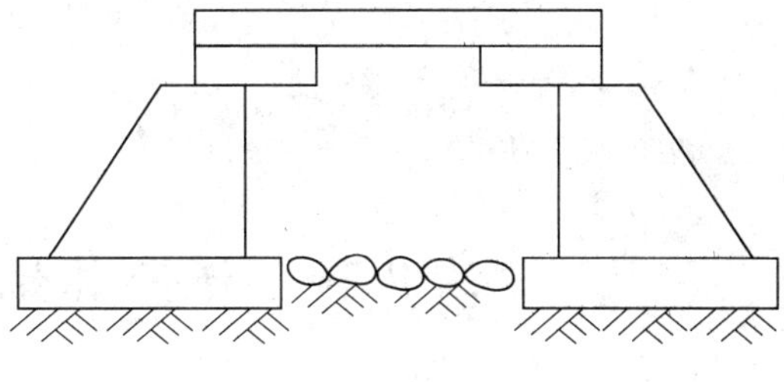

图7-3　悬臂式石盖板涵

(4)圆形管涵，如涵顶填土在3m以上时，可承受较大的载重，一般不用加固；如填土在3m以内时，钢筋混凝土、混凝土管涵可采用外加一层套壳的方法。但是，结构计算虽然较易，施工却困难多。四铰管的加固困难较大，可随同线路改造的技术标准，均以改建为钢筋混凝土圆管为宜，或根据当地建筑材料来源改建为其他圬工涵洞。当然，混凝土管涵的加固数量较少，施工也不困难，在有条件的地方，应采用管外加捣一层混凝土套壳的方法。

(5)砖石拱涵的加固，一般采用拱圈上加拱或拱下加拱的方法。加拱厚度的计算可参考《公路养护与管理手册》一书的有关公式。

①拱上填土较高，且净空较大时，可采用拱下加拱的方法，并根据涵台完好情况，用以下两种方法进行加固。

涵台完好时，可在拱脚下部根据加厚尺寸凿开安置拱脚石槽，同时凿毛原拱圈表面，洗刷干净，用高标号水泥砂浆将新旧拱圈连接成一个坚固的整体，如图7-4a)所示。

涵台不完好时，应将涵台与拱圈一并加固，如图7-4b)所示。先将表面的酥松部分和勾缝凿除，并凿毛表面，洗刷干净，用高标号水泥砂浆将新旧部分结合坚固。

②拱上填土较低时，可采用拱上加拱的方法。挖开填土和防水层，洗刷干净。如原拱圈有病害时，应先行处治，按原结构材料砌筑加固层，结合应坚固。拱上防水层可根据情况选用表7-2所列种类铺筑，再分层回填，修复路面。

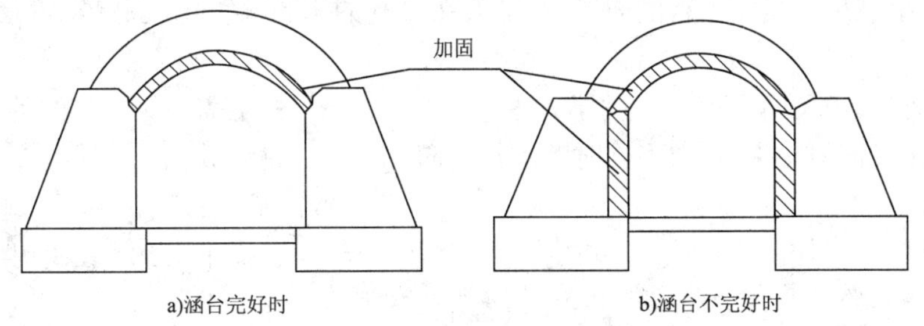

图7-4　拱下加固简图

拱上防水层　　表7-2

种　类	厚度或层数	种　类	厚度或层数
胶泥防水层	10～15cm	油毡防水层	两层油毡三层油(沥青)

③拱上填土较低，水流也不大，有充裕泄水面时，应根据施工难易，采用拱下或拱上加拱均可。

第八章　桥涵养护与维修的常用机具及安全作业

桥涵养护加固技术工作非常重要，桥涵养护与维修常用的机具更不能忽视，作业安全又是首要任务，文明施工也是不可或缺的。本章主要介绍桥涵养护作业中常用的机具、养护作业与维修安全及文明施工等方面的内容。

第一节　养护作业常用机具

养护常用的工具；
常用的吊装机具；
圬工修补机具。

目前，随着独立养护公司的相继成立，我国公路养护事业有了突飞猛进的发展，养护机具也有了很大进步，下面介绍几种常用的养护机具。

一、养护常用工具

1. 角尺（又称曲线尺、拐尺）

角尺有木制和钢制两种。角尺常用于画垂直线（直角线）、平行线和检查木料的直角。画垂直线时，左手握尺柄紧靠木料侧面，尺翼平放在要画的木料平面上，画笔沿着尺翼的外边进行画线。

画平行线时，用尺柄来画，即左手握尺柄，中指甲卡在尺柄上需要画平行线的刻度上，右手握画笔紧贴在尺柄的端头，左右手同时顺木料方向，由前向后移动画线。

2. 量尺

量尺有钢卷尺（如图 8-1 所示）、皮卷尺（如图 8-2 所示）、木折尺等。在使用各种量尺时，一端应对准量尺的零点，在另一端认真读出尺上的数字。

3. 锯割工具

锯割工具分为架锯、横锯、刀锯、侧锯、板锯、钢丝锯和钢锯等。其中架锯、横锯、刀锯、板锯、侧锯和钢丝锯主要是用来加工木材的工具；钢丝锯主要用来加工较复杂的曲线或开孔；而钢锯由钢锯弓和钢锯条组成，锯弓长短可以伸缩调节，锯弓的一端有手柄，锯条安装后可以用手螺旋调节锯条松紧度，主要用于锯断钢轨、螺栓及其他钢制品。

4. 砍、刨工具

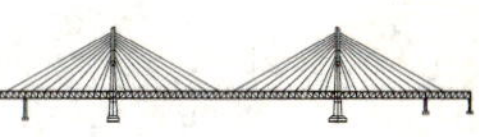

主要有斧、锛和各种刨子,它们主要是用来加工模板用的工具。

图 8-1　钢卷尺

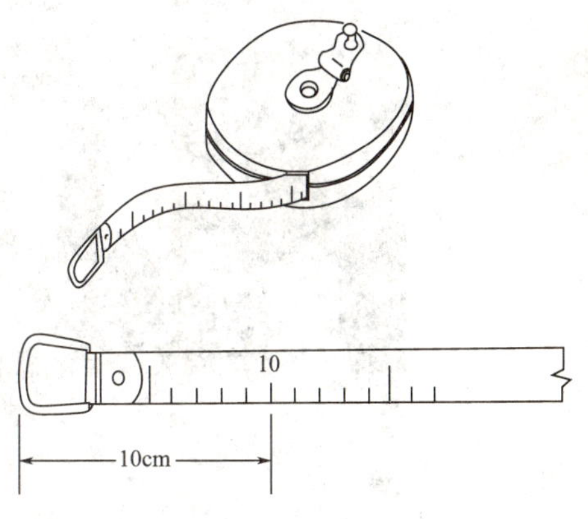

图 8-2　皮卷尺

5. 钻孔工具

桥涵作业常用钻孔工具主要是手扳麻花钻,又称螺旋钻。

螺旋钻钻杆用优质钢制成,长 50 ~ 60cm,钻杆前段形成螺旋纹,端头呈尖锥状。钻杆上端横向穿入木柄作为旋转执手,木柄采用硬木。

螺旋钻主要用在桥枕、护木上钻勾螺栓孔和在枕木上钻螺纹、钻螺钉孔。

6. 混凝土工具

(1)混凝土制作机具

混凝土制作的主要机具有混凝土拌和机(如图 8-3 所示)、混凝土拌和运输车(如图 8-4 所示)、和混凝土振捣器(如图 8-5 所示)等机械设备。此外,混凝土养护还有铁锹、水桶和灰盘、胶管、手推车、捣铲等手工工具。

①用手推运灰车运送混凝土时,要保持车平稳,防止混凝土撒落。

②使用捣固铲时,两手握住铲柄,上下捣固混凝土,使所捣处的混凝土密实出浆。

(2)混凝土破碎机具

混凝土破碎机具主要有风镐及风镐钎,如图 8-6 所示。在使用过程中如果风镐钎不锋利时,可用火加工使之锋利,如图 8-7 所示。

7. 钢筋作业工具

钢筋加工的手工工具主要有小锤、大锤、剁斧、钢筋弯制卡盘、手摇扳、钢筋扳子、钢筋钩等。

钢筋加工的机械主要有钢筋弯曲机(如图 8-8 所示)和钢筋切割机(如图 8-9 所示)等。钢筋弯曲机主要用钢筋的弯曲加工;钢筋切割机主要用于钢筋的截断。

8. 除锈工具

常用的除锈工具有刮刀、除锈锤、钢丝刷等。

(1)刮刀用弹簧钢或工具钢加工锻制,用来刮除钢结构物上的锈皮及失效的漆膜,也可用于刮除桥枕、护木上失效的煤焦油和油腻子及其他污垢等。

(2)除锈锤用弹簧钢或普通钢锻制而成,用来敲除严重锈蚀的锈块等。

a)料斗上料

b)料斗上料

c)传送带上料

图8-3　强制式混凝土拌和机

a)装料

b)卸料

图8-4　混凝土拌和运输车

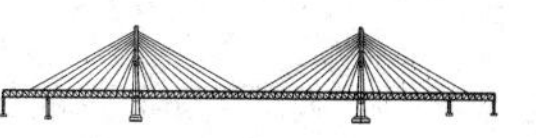

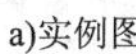

a)实例图

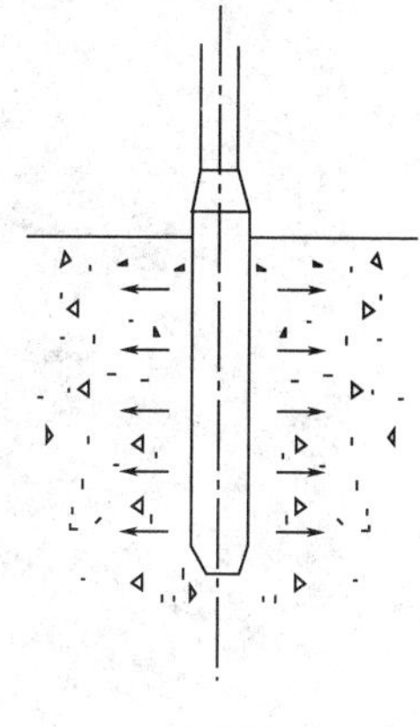

b)示意图

图 8-5　插入式混凝土振捣器

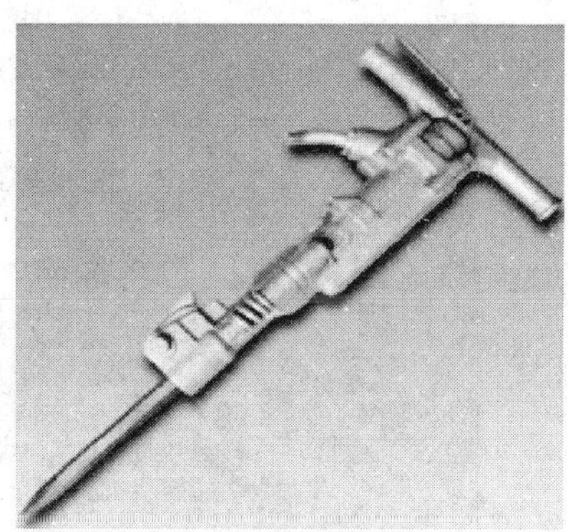

a)风镐实例

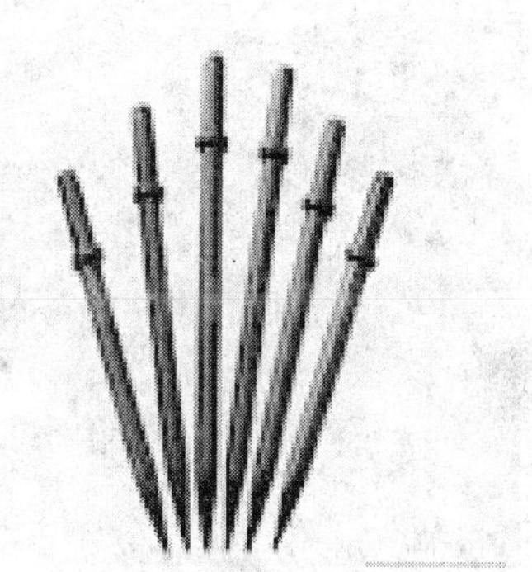

b)风镐纤

c)用风镐作业中

图8 6　风镐

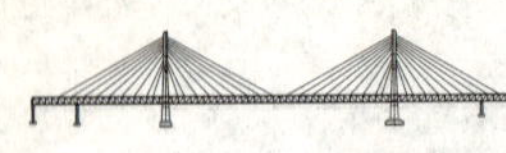

图 8-7　镐钎锋利加工

图 8-8　钢筋弯曲机

图 8-9　钢筋切割机

(3)钢丝刷是在木质把刷身上绑上钢丝而成,有平把、翘把等形式,主要用来清除钢板及钢制品上的锈迹和漆皮以及其他污垢等。

9. 涂漆工具

常用的涂漆工具主要有腻子铲和扁油刷等。

(1)腻子铲主要有木柄钢片刀、牛角板和自制腻缝工具等形式,主要用来将调制好的腻子填补压入钢梁的节缝里和钢梁表面的凹坑内,防止积水。

(2)扁油刷由木柄和鬃毛组成,是根据作业面大小选用大小不同的扁油刷子,在小油桶里蘸上油漆后于物体表面进行涂刷,也可以用于其他涂刷和清扫等。

二、常用吊装机具

1. 绳索及拴吊工具

绳索及拴吊工具主要有钢丝绳、链条、钢丝绳辅助零件、卡环、吊钩、夹钳、松紧螺栓等。

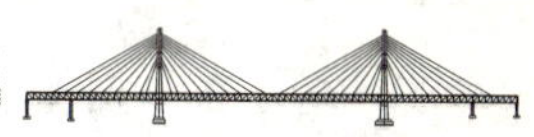

(1)钢丝绳

钢丝绳主要是由高强度钢丝机制搓捻而成的,钢丝绳按捻制的方向不同可分为顺绕钢丝绳、交绕钢丝绳和混绕钢丝绳。钢丝绳在使用前应详细检查是否有断丝、锈蚀现象,同时检查其磨损程度;钢丝绳的端头要用铁丝捆扎或用熔点低的合金焊牢,也可用铁箍箍紧,以免绳头松散和扎伤手。

(2)链条

链条是钢铁制成的,应注意防锈蚀。在使用前以相当于破坏荷载一半的重力进行试验;由于链条对冲击和超载极为敏感,常无预兆而突然断裂或产生极难察觉的裂纹,因此,不宜用于有振动的作业,不可超载。

(3)钢丝绳辅助零件

钢丝绳辅助零件主要有钢丝绳夹头和套环等。

当使用钢丝绳夹头固定绳环时,应根据钢丝绳的直径配套使用夹头,不得用大号夹头夹钢丝绳。紧固螺栓一定要拧紧至夹内钢丝绳压扁为1/3止。同时,在起吊并受力后应检查夹头是否有走动,以防滑脱。

在使用套环时,将钢丝弯绕在套环上,并应仔细检查。

(4)卡环

在起重装吊工作中,卡环是用来栓联的工具,如连接钢丝和吊钩,以及千斤顶捆绑物体时固定绳套。使用卡环时,应注意选用允许荷载的卡环吊装重物。

(5)吊钩

吊钩是起重工作中的主要工具之一,主要用来勾挂被起重的物件。

在使用吊钩以前应认真检查吊钩上有无裂纹和残余变形,吊钩表面应光滑,不得有飞刺、剥裂、锐角等,每使用一年应检查试验一次,凡发生有细裂纹或尾部螺纹中有刀具的深切削时应停止使用;在吊钩的危险断面上若磨损高度超过10%时,应进行检算以确定其容许吊重,吊钩不得施行焊补或填补;吊钩必须有适当的保安辅助设备,以防止挂在钩上的绳从吊钩开口处掉出。

(6)夹钳

夹钳主要是用来夹吊工字钢及轨料。它是用钢材锻制的一种能自动夹紧的吊具,使用方便。使用时应注意夹钳应保持钳口灵活,钳口不得有变形、裂纹等情况。

(7)松紧螺栓

松紧螺栓是在拉紧和放松钢丝绳子时起到承受荷载和卸载作用。

使用松紧螺栓时,应检查螺栓杆是否有裂纹,否则会被拉断;根据拉力大小选用符合规格的松紧螺栓;在使用活口扳手松紧螺帽时用力要稳;平日要注意对丝扣的防锈保养。

2. 常用起重机具

常用的起重机具主要有千斤顶、手摇绞车、电动卷扬机、自行式吊机和龙门架等。

(1)千斤机

按构造可分为液压式、螺旋式和齿条式,如图8-10所示。

在使用千斤顶时,应先将千斤顶稳放在平稳坚实的地盘上或用木块垫平。千斤顶的顶面与被顶物体的接触之间,应加垫板,以增大接触面积。千斤顶安妥后,将手柄插入手柄孔反复推拉,若是液压式的千斤顶应先关闭油门。开始起顶不应用力过猛,先将重物稍微顶起,经试验无不良情况或变化时，再继续顶起重物。

(2)手摇绞车

手摇绞车即手摇卷扬机，由几对齿轮和一个滚筒及其他配件组成。它主要是用来拖拉重物，也可通过方向轮将重物吊起。

使用手摇绞车时，需先将绞车稳固在平整坚硬的基础上，后方加锚拉绳，前方与重物连接，然后手摇绞车摇柄移动重物。同时，注意作业时不得超负荷使用。

a)螺旋式　b)液压式

图8-10　千斤顶

(3)电动卷扬机

电动卷扬机和手摇绞车相同，只是其滚筒是由电动机来带动而不是用手摇带动。它主要是由机架、卷筒、电动机和钢丝绳等组成。

使用前需先将卷扬机稳固在平稳坚硬的场地上，按规定接好三相电源，手握离合器操纵杆，开启开关即可工作。

(4)自行式吊机

自行式吊机主要是用来起吊小型构件，方便简单灵活，被广泛应用到工程实践中，如图8-11所示。

a)吊机

b)作业中

图8-11　吊机

(5)龙门架起吊机

龙门架起吊机如图8-12及图8-13所示，它主要是用于批量生产的大型构件的起吊和运输，方便快捷、安全稳定可靠，起吊后既可以使被起吊的构件左右移动，又可以使之前后移动，因此，被广泛应用于构件预制厂以及大型桥梁的施工过程中。

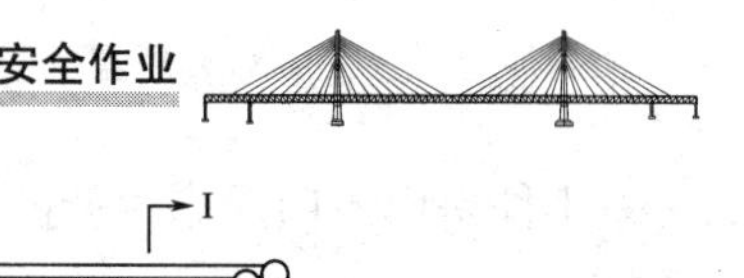

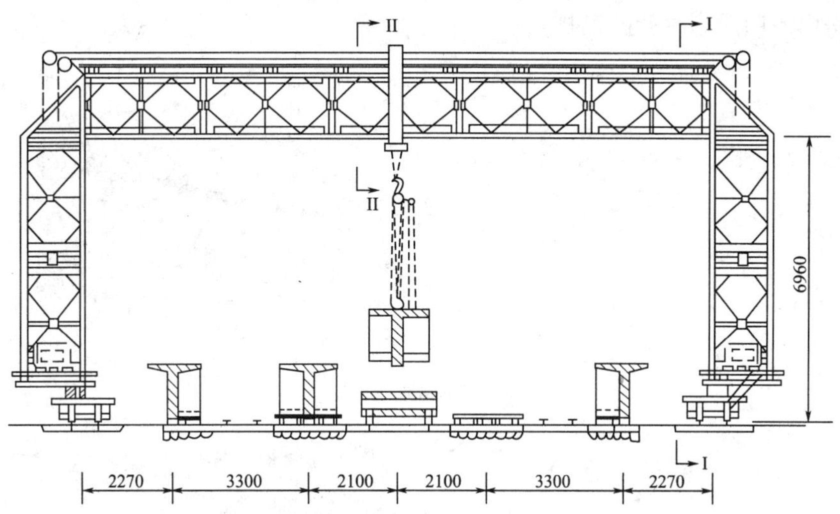

图 8-12　钢木组合龙门架起吊机示意图(图中尺寸:mm)

图 8-13　龙门架起吊机实例图

三、圬工修补机具

在圬工修补工作中,常用的手工工具有尖嘴凿和扁嘴凿、手锤、铁抹子、小秤等。

1. 构造

尖嘴凿和扁凿是用工具钢锻制而成的,一端齐头,而另一端为尖嘴或扁嘴,其长度根据施工方便而定,一般 20 ~ 30cm,如图 8-14 所示。

手锤是大柄铁锤头如图 8-15 所示。

铁抹子是用 1 ~ 2cm 的钢板截制成的,上面焊一弯把,如图 8-16 所示,根据需要抹子有尖头和齐头的。

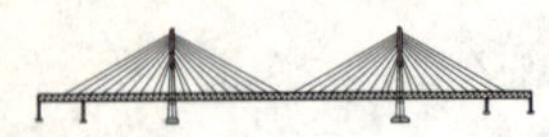

小秤是由专门厂家生产的盘秤。

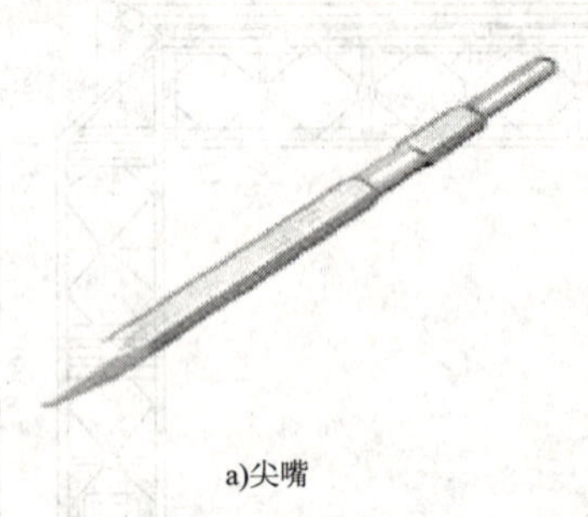
a)尖嘴

b)扁嘴

图 8-14 凿

图 8-15 手锤

图 8-16 铁抹子

2. 用途

手锤和尖嘴凿、扁嘴凿主要是用来将圬工的裂纹凿成 V 形和梯形槽口，以便用树脂砂浆填补；也可用来凿除损坏的圬工部分，便于修补。

铁抹子用来轧实和抹平修补的圬工表面。

小秤用来称量修补圬工裂纹时的用料，使之按比例配合。

第二节 养护作业与维修安全作业

知识点

养护人员安全；
防洪与防寒；
料具装卸、堆放与文明施工。

一、养护人员安全

1. 基本要求

保证人身安全是养路职工的基本职责，必须认真执行有关法令和规章制度，贯彻执行“安全第一，预防为主”的方针。从事桥涵养护作业的人员，必须经过专门培训，熟悉本职业务，熟悉主管路段内桥涵的基本状况，掌握安全技能，落实防范措施，防患于未然。未经安全技术教育的任职人员及新工人，不得上岗作业。

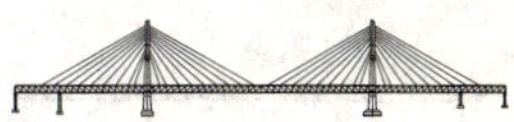

作业人员工作前应充分休息，不得酗酒，严格执行规章制度。作业时要身着养护服，佩戴上岗证。作业中注意警示防护，确保行车和人身安全。

2. 上、下班步行安全

(1)上、下班在路肩上行走时，不得打闹、谈笑，不得穿戴红、绿色衣服、帽子、围巾，不得用衣帽等物遮盖两耳，不得穿带钉鞋和高跟鞋。

(2)通过路口、桥梁或穿越线路时，必须执行“一站、二看、三通过”制度，确认无车时再通过，严禁抢道跨越。

(3)在人行道较窄(小于1m)或仅设有护栏的桥梁上行走时，要有专人防护，拉开适当距离。来车时及时分散紧靠栏杆站立，严禁跑动或横穿道路。

(4)在道路上行走，如遇暴风雨、大雾等不良天气或深路堑、曲线等危险地段，应靠边慢行，注意安全。

3. 上、下班乘机动车辆安全

(1)乘车人员必须由施工负责人统一安排，不得乱扒、乱乘。

(2)车厢(边)应有加固措施；拖车必须装栏杆或扶手；不准超员、超载，避免拥挤时车厢损坏，造成人身伤亡。

(3)笨重料具专车运送，不能与乘车人员混运，避免料具碰伤手脚。

(4)机动车辆应按规定行驶，遵守交通规则。

(5)运行中乘坐人员不得将头、手、脚等伸出车棚，避免被树枝、危杆或来往车辆碰伤。

(6)车未停稳不得抢上、抢下、扒车或跳车。

4. 作业安全

(1)作业中遇雾、雨时，应将全部机具放到路肩以外的安全处；不得到高大建筑物下、电杆旁、大树下及容易触电处或涵洞内避雨。

(2)进行防护作业及设备检查时，下列作业情况必须设专人防护：

①天气不良或在深路堑、小半径曲线视线受阻地段；

②使用养路机械作业时；

③长大桥隧等，作业地点在繁忙交通线路上，视听条件不良处所；

④单独检查设备及单独上路作业人员；

⑤整修路堤、边坡取土、抬运片石横过河床时。

(3)酷暑、寒冷作业安全。

①酷暑时要加强劳动保护，多饮防暑降温饮料，准备人丹等药品，确保职工人身安全。暑期作业时间要合理调整，以防中暑。

②暑期严禁作业人员无组织下河、池、湖等玩水。

③暑期温度过高时，应停止施工。

④严寒冬季作业时，应加强劳动保护，以防冻伤手、脚。防寒期设火炉取暖时应做到：取暖炉子、烟筒安装合理，烟筒不能无故拆掉，经常清理积灰；经常检查炉子和烟筒是否漏气；严禁一人一室。发生煤气中毒时，应及时拨打120急救电话，同时采取措施正确抢救，先将房屋门、窗打开进行通风，将煤气中毒者放置于通风的地方，进行正确的人工呼吸，就近送往医疗单位抢救。

5. 桥涵作业人身安全

(1)在离地面3m以上的高空及陡坡上作业时,必须戴好安全帽,系好安全带或安全绳,不准穿带钉或易溜滑的鞋。每次使用前,使用人必须详细检查安全用品。单位应对安全带或安全绳每半年做一次鉴定。

(2)使用脚手架必须满足工作安全的要求,搭设牢固,脚手板外伸悬臂应有专人负责,经常检查整修,不得浮起活动。脚手架使用的材料,必须坚韧耐用。

(3)上山、下河经常通过的陡坡和路滑处应做有步行台阶,必要时应设置栏杆。临时通行可打安全桩,并拴好安全绳。

(4)在无人行道的桥上作业时不得向桥外方向使劲,防止摔下。桥面及人行道上,不准有露尖的赘物或作业工具横置路面。

(5)进行钢梁喷砂除锈时,喷砂嘴不准对着人、车、船,不准带风、带砂修理喷砂设备和更换零件。

进行钢梁铆钉作业时,禁止在脚手架上试打铆钉枪;使用铆钉枪打销钉或过冲时,应呼唤应答,防止过冲伤人;换装铆钉枪风弹时,不准对人;停用铆钉枪时,必须带好安全环;非风动机具操作人员,不准动用铆钉枪。铆钉炉应放在适当位置,放在桥上时,必须设防火盘,车辆通过时盖上防火罩,完工后必须熄灭炉火,撤出桥外。

(6)开挖建筑物基坑和刷坡时,应注意以下几点:

①按放好的边线从上向下开挖,禁止掏底挖土。

②遇有滑层、裂纹、浸水等情况时,基坑壁必须用撑木支撑或改缓边坡。

③靠近基坑上方不得堆土及放置料具等重物以防坍塌。

④在同一坡面的垂线上,不得上下同时开工,不得在上层挖土时下层运土。

⑤圬工凿除或人工打眼两人配合作业时,禁止面对面或戴手套打锤。

(7)在水上作业时应配有救生圈、救生船或救生衣等设备。下水作业前,应观测水深及流速,并选派会游泳的人员担当水中作业,其连续工作时间一般不得超过下列规定:

①水温在5~15℃时,不得超过1h。

②水温在16~25℃时,不得超过2h。

冬季需在冰上施工时,施工领导人应针对江河水面宽度、深度及地理条件、作业繁简等情况,制订出安全防范措施。

(8)对桥涵大维修作业,遇到山区山洪暴发时或平原遇到江河水位暴涨时不准水下作业。

水害抢救时,要注意工地和建筑物附近有无冲空、坍塌和其他异状,及时采取安全防护措施。

二、防洪与防寒

1. 防洪

洪水与流水对桥涵的危害甚大,应采取永久整治和经常养护相结合的办法,为此应对桥涵上下游一定范围内的河道采取必要的措施进行预防。对水害桥涵采取整治河道、添建导流建筑物、加大桥孔等方法整治,对现有桥涵及导流建筑物和河道加强养护维修,以减少洪水的威胁和提高桥涵防御洪水的能力。同时,在雨季施工或检查时,要注意气象预报,防止上游河流

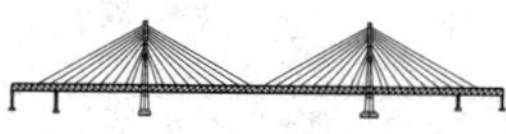

洪水暴发，以防伤人。

(1)防洪检查

防洪检查是在每年的春融或汛期前对桥涵等建筑物进行一次全面的检查。在防洪检查的同时还应对上游的水库、储水场、江河堤坝进行调查。

(2)防洪准备

①组织措施——水害发生后能及时组织人力、物力进行抢修；

②防洪准备工作——雨季要做好抢险料具的储备和人员组织；

③洪水期的检查——坚持冒雨和雨后检查，制定责任地段分工制；

④汛后复查——对有冲刷和损坏的设备，安排计划修复和改造。

(3)预防措施

①整治河道，提高泄洪能力：修造河流防护调节建筑物；河道裁弯取直；防止淤积；泥石流的处理。

②预防冲刷：修建草皮或柴排护底；增设消能设备；下游筑拦砂坝；浆砌片石(或混凝土)护底。

(4)防洪抢险措施

当洪水来临时，要密切注意洪水通过桥涵情况，发生险情应立即采取有效措施进行抢险，确保行车及设备安全。

①对漂浮物堵塞桥孔进行疏导、砍散；

②对墩台基础受严重冲刷的要进行抛投片石及石笼抢护；

③水毁严重的桥涵，可先采取便道或便桥抢通线路，恢复通车，再修复的措施；

④要特别注意制定水害抢险的行车及人身安全措施。

2. 防寒

寒风地区为防止涵洞内发生冻结，在冬季应用挡雪板挡住小孔径涵洞的洞口。对基底在冰冻线以上且翼墙后为渗水不良土壤的涵洞、墩台等应及早进行整治，在未彻底整治前，视不同情况在冬季采用培土、培草、填平冲刷坑等措施来进行防治。

当严寒地区春融时，水位上涨，大量流凌可能撞坏桥墩、台，严重时会堵塞桥孔，甚至堆积成冰坝和冰桥以致推走整个桥梁；冰层在骤冷情况下会开裂，如遇大风时冰层会移动，可能会挤歪桥墩；河流在结冰后，由于水流的影响或其他原因，冰层会发生爬动，当水位涨落时，冰面会随之升降，这些对墩台等都会产生破坏作用，所以在这些河流中应高度重视防凌工作，采取相应措施进行预防。

(1)在冰层开始移动前，应将实体墩台、翼墙、堤坝的周围(约宽0.5m)的一部分冰层破开，以免流冰撞击墩台。

(2)对有大量流凌的河流应预先在桥梁上游不少于50m、下游不少于30m范围内开凿纵横水沟。流凌特别严重、大量流凌开成冰坝或冰塞时，在到达桥址以前将其炸碎，以保证流冰顺利通过桥梁，确保安全。

三、故障防护

1. 故障防护基本要求

养护工作人员发现桥涵发生事故，如桥面开裂、水害、泥石流、流冰、火灾及交通事故等危及行车安全时应做到：

(1)立即向上级主管部门报告；

(2)在事故现场设立"危险慢行"或"禁止通行"警示标牌进行防护；

(3)组织人员维修或消除事故。

2. 注意事项

(1)桥涵设备一旦发生事故，首先要维护好故障处所秩序，正确设好防护，避免事态扩大，确保行车和人身安全。

(2)遇事不能慌乱，要保持清醒头脑，准确判断故障处所各种不同情况。

(3)发生故障时，先设置防护，后处理故障，绝不能只顾处理，不设防护。

(4)处理故障时，要尽量缩小影响范围或减少损失。

四、料具装卸、堆放与文明施工

1. 材料装卸安全作业

(1)装载材料、工具时应稳固，不得偏载、超载和超出装载范围；装载危险物品时，应有可靠的安全措施。

(2)装卸材料时，装卸车负责人应做好下列工作：

①配备足够的装卸车人员、工具和安全防护用品。

②夜间作业时，应配有足够的照明设备。

③多个车辆卸车时，每辆车上指定一人担任组长，负责指挥卸车、安全检查、现场整理。

④对笨重材料(如木料、石块、钢构件、混凝土预制块等)，禁止边走边卸。卸料要堆放在指定场地。卸车后要认真检查，确认材料数量及堆放稳固。

⑤组织卸料时，卸料负责人应严格掌握卸车位置，在下列地点禁止卸车：路线交叉口附近，桥涵上非作业地段，各种警示牌、标志牌下，公路收费站、各类车站处，线路两侧有大量堆积物地段。

⑥搬运及装卸重物时，应尽量使用机械作业，人力操作时，要统一指挥，动作一致。

⑦搭设滑板(钢梁)装卸重物时，应支撑牢固，坡度适当，滑行前方禁止站人，后方应有保险缆绳。

⑧搬运、装卸有毒物品时，必须按规定穿戴防护用品。

⑨装卸盘条、铁丝时，要检查堆码、装载、捆绑状态，遇有相互牵连时，应整理剪断分离后再进行作业。

⑩在带电的接触网下搬运长、大杆件(如脚手架用的杆板等)时，应平放在车上运送或由两人抬运，严禁在搬运中竖立或高举，以防止大、长杆件触电，危及搬运人员的安全。

2. 材料堆放安全作业

(1)路边堆放材料、机具等，不得侵占行车道。

(2)砂石等养路材料可在路肩临时堆放。

(3)砂石等材料堆放以及机械设备的安装应选择在地势较高地段以防止被雨水冲走。

(4)水泥等材料要注意采取防水防潮措施。

（5）尽量避免夜间装卸，若必须在夜间装卸时要有充足的照明设施。

（6）每次卸车后，负责人应组织人员全面检查堆放情况，不符合规定或堆放不稳固的应立即整理。

3. 文明施工

（1）建设工程施工现场周边应设置连续、密闭的围栏。围栏外部应做简易装饰，色彩与周围环境协调。

（2）工程标牌。施工现场应设置工程标牌，工程标牌为施工总平面布置图，工程概况牌、文明施工管理牌、组织网络牌、安全纪律牌、防火须知牌。工程概况牌设置在工地围栅的醒目位置上，载明项目名称、规模、开竣工日期、施工许可证号、建设单位、设计单位、质量、安全监督单位、施工单位、监理单位和联系电话等。

（3）成品、半成品及原材料的堆放。严格按施工组织设计中的平面布置图划定的位置堆放成品、半成品和原材料，所有材料应堆放整齐，并用标志牌注明材料的产地、规格等。

（4）现场场地及道路应硬地化。其厚度和强度应满足施工和行车需要。现场场地和道路要平坦、通畅，并设置相应的安全防护设施和安全标志。周边设排水沟，现场不允许有积水。

（5）粉尘控制。

①由于其他原因而未做到的硬地化部位，要定期压实地面和洒水，减少灰尘对周围环境的污染。

②装卸有粉尘的材料时，应洒水湿润和在仓库内进行。

（6）运输车辆应做到：

①运输车辆必须冲洗干净后方能离场上路行驶；

②装运建筑材料、土石方、建筑垃圾及工程渣土的车辆，应采取有效措施，保证行驶途中不污染道路和环境。

（7）现场安全、保卫。

①建立健全安全、保卫制度，落实治安、防火责任人；

②施工现场的管理人员、作业人员必须配佩工作卡。工作卡有本人相片、姓名、所属单位、工种或职务，管理人员和作业人员的工作卡应分颜色区别；

③经常对工人进行法纪和文明教育，严禁在施工现场打架斗殴及进行黄、赌、毒等非法活动。

参 考 文 献

[1] 中华人民共和国行业标准,JTG H11—2004　公路桥涵养护规范,北京:人民交通出版社,2004.

[2] 中华人民共和国行业标准 JTG H10—2009　公路养护技术规范,北京:人民交通出版社,2009.

[3] 中华人民共和国行业标准. JTJ041—2000　公路桥涵施工技术规范. 北京:人民交通出版社,2000.

[4] 张树仁,王宗林. 桥梁病害诊断与改造加固设计. 北京:人民交通出版社,2006.

[5] 白淑毅. 桥涵设计. 北京:人民交通出版社,2002.

[6] 任振生. 公路养护技术. 北京:人民交通出版社,2008.

[7] 黄侨. 公路钢筋混凝土简支梁桥的体外预应力加固技术. 北京:人民交通出版社,1997.

[8] 凌志平,易经武. 基础工程. 北京:人民交通出版社,1997.

[9] 管频,王运周. 公路桥涵与隧道养护. 北京:人民交通出版社,2009.